방외달사 **소동파**

抽影 直說 路程 詩

方外達士 蘇東坡

방외달사 소동파

三碧子 菑虛 窃觀

학자원

序

세상에서 한걸음 물러서서 관조(觀照)하는 젊은이는 정념(情念)으로 떠도는 인생을 부끄러워하며, 정념의 천변만화 속의 주인(主人)을 밝히고자 힘쓴다. 이러한 길을 총명속사(聰明俗士)들이 찾지 아니하는 고로 알지 못하는 것이다.

정념(情念)을 지우고 세상을 바라보면 다른 세계가 펼쳐져 있는 것을 보게 되는 것이다. 그 세계의 이름이 무심경(無心境)이요, 명덕경(明德境)이며 무위불언경(無爲不言境)이다.

세상을 지우고 정념이 부질없는 한때의 넋두리임을 본 늙은이는 정념에 싸여 부세(浮世)에서 몽환(夢幻)을 잡으려던 세월을 허무하게 여기며, 남은 생(生)은 때 묻은 정념을 지우고 또 지우는데 거처할지라.

소동파(蘇東坡) 역시 젊어서 정념(情念)이 몽환(夢幻)인 줄 알았으면 일찍이 세사(世事)를 잊고 방외(方外)에 소요(逍遙)했으리라. 누가 있어 정념(情念)이 몽환(夢幻)인 줄 알고서도 몽환(夢幻)에게 인생(人生)을 맡기는 이가 있으랴!

소동파의 만년은 정념(情念)을 지우고 대적무위(大寂無爲)에 거닐었다. 그러하기에 왕안석(王安石)이 "동파같은 인물은 이전(以前)에도 없었고, 이후(以後)에도 없을 것이다."라 하였던 것이다.

또한 황정견(黃庭堅), 원오극근(圓悟克勤), 이규보(李奎報), 서거정(徐居正), 조식(曺植), 노수신(盧守愼), 신흠(申欽), 옹방강(翁方綱), 김정희(金正喜), 황현(黃玹) 등이 소동파를 백세(百歲)의 스승이라 하였던 것은, 그들의 소견대로 그 적처(寂處)를 넘겨다 본 바가 있기 때문이다.

만약 동파를 읽어 인생의 그늘을 지우고, 자기의 청정각명(淸淨覺明)을 드러내게 된다면 어찌 한 사람과 한 시대의 다행에 그치겠는가? 하사(下士)는 형등(螢燈)과 호등(弧燈)의 빛을 귀하게 여기지만, 어찌 만월(滿月) 속에 산천(山川)의 적청(寂淸)에 소요(逍遙)하는 것에 비기랴! 비록 그러기는 하나 어둠을 지우는 명기(名器)는 새벽만한 것이 없나니. -

저무는 인생에 소한(少閒)을 얻고자 하거든 소동파의 풍격(風格)에 합함이 좋으리라. 범곡(梵谷)에서 좌수(坐睡)하는 누사(陋士)의 고필(罟筆)을 그친다.

단기 4354년 肇春에 晁霞를 바라보며 三碧子 識

次序

文昌侯(崔致遠)는 新羅에 玄妙한 道인 '風流'가 있다고 했다. 風流는 儒, 佛, 道를 아울러 틈이 없다. 고려를 거쳐 조선이 개국 되면서 道는 衰殘해지고 유와 불 사이에도 건널 수 없는 間隙이 생겼다. 風流道를 바탕으로 文武兼全의 선비상을 구현한 花郎의 정신도 그 脈을 찾기 어려워졌다.

조선의 선비들이 程朱의 '팬덤'을 만들자 文과 武도 갈라져서 身分이 되었고, 儒도 분열되어 공자의 '思毋邪' 공부는 사라지고 性을 나누어 두 가지로 만드는 理氣의 깃발만 높이 펄럭였다. 蜀學과 陽明學도 異端으로 몰리고 高談無實한 논의와 剽竊仁義의 풍습이 膏肓의 患病이 되었다. 이런 風潮는 오늘날에도 이어져 學人들은 自得과 開悟 없이 言必稱 程朱이고, 정치인들은 실천하려는 뜻은 없으면서 言必稱 正義와 公正이다.

나의 나이를 잊은 벗인 盧菑虛는 蘇東坡를 酷慕하는 사람이다. 東坡의 한 面만을 騶從함이 아니라, 儒佛道를 會通하여 任性逍遙하고 虛心處事하는 그 眞面目을 알아서 그러한 것이다. 東坡가 廬山의 眞面目을 알았듯이 菑虛는 東坡의 眞面目을 아는 사람이다.

程朱學이 정치사회를 규율하는 이데올로기가 된 후, 조선에서 東坡의 사상과 자취를 탐구하는 學人은 점점 사라져 갔다. 程朱의 논의를 벗어나면 '異端'이나 '方外'의 프레임으로 高士와 達士들을 足鎖하였다. 지금 우리가 東坡를 方外達士로 규정해야 의미가 분명해지는 것은 이런 脈絡 때문이다. 程朱學이 熾盛했던 조선에서도 눈 밝은 선비인 象村(申欽)과 秋史(金正喜) 같은 인물이 있어 東坡의 眞面目을 알았는데, 腐儒俗士가 橫行하는 오늘날에 東坡를 아는 사람은 菑盧가 홀로 우뚝하다.

菑盧는 博覽强記를 바탕으로 儒, 佛, 道의 奧義에 會通하여 博大한 지식과 精深한 이해로 사람을 놀라게 한다. 넓은 知見과 깊은 開悟가 同行하여 사람에 맞추어 枇杖聲을 울리거나 廣長舌을 토해낸다. 참으로 요즘 세상에서는 찾기 어려운 豪傑之士다.

오늘날에 누가 있어 程頤의 學說을 비판했던 蘇東坡의 학문과 사상을 돌아보겠는가! 누가 있어 程朱를 盲信하는 悠久長大한 흐름을 反省하게 하겠는가! 菑盧 만이 그 端緖를 열어 보인다.

程朱學의 프레임을 걷어내면 東坡의 자취가 보인다. 程伊川이 靜坐를 주장하자 東坡가 슬며시 누우면서 "靜坐할 때와 누울 때의 道가 어떻게 달라지는가?"한 것은 伊川과 東坡의 等級이다. 동파가 靜坐三昧를 말없이 실천했던 사람이기에 더욱 그러하다.

理氣의 窓에 얽매이지 않으면 孔子의 思無邪와 無意, 無我, 無必, 無固의 本意가 나타난다. 妄心이 쉬는 곳[妄心休歇處]에는 儒, 佛, 道가 함께 한다. 그곳은 道心이 惺惺한 곳이요, 一念이 淸靜한 곳이며, 無心으로 逍遙하는 곳이다.

菑盧는 이 책에서 동파가 測知와 知見을 넘어 情念을 여읜 眞心으로 任性逍遙하게 된 歷程을 단계에 따라 簡明하고 直截한 언어로 해석한다. 漫然하고 支離한 言辭로 풀지 않은 것은 詩를 통해 東坡의 마음과 契合하고, 그 境地를 보았기에 가능한 일이다. 因緣있는 눈 밝은 學人이라면 이 책 가운데 어느 한 段落을 吟味하고도 전체를 꿰뚫는 '열쇠'를 발견할 수 있을 것이다.

菑盧는 내 고향 密陽의 大儒인 小訥先生(盧相稷)의 曾孫으로 幼年시절부터 학문하는 분위기에서 자랐다. 일찍부터 출세를 위한 학문에는 관심이 없었고 오직 道心과 本性을 오롯이 하는 求道의 학문에 관심이 깊었다. 蘇東坡에 대한 관심도 그 一環이다.

宿世의 因緣인지 菑虛와 나는 한번 만남에 志氣가 통하여 마치 어렸을 적부터의 벗인 것처럼 서로 허물없는 사이가 되었다. 이번에 蘇東坡의 修蹟과 깨달음의 境地를 了然하게 보여주는 책을 엮어내면서, 透徹한 知見도 없는 나에게 序文을 命한 고로 鍾子期가 될 수 없음이 두려우면서도 감히 序한다.

2021년 1월 仲冬에

韓國學中央研究院 名譽教授,

南冥學研究院 院長 密城 朴丙鍊 謹序

차례

東坡抽影

동 파 추 영

東坡抽影序

지금 세상의 철학(喆學)과 문학(文學)과 예술(藝術)은 칠정(七情)을 인간의 고유(固有)한 마음이라 파악(把握)하고, 선악(善惡)과 시비(是非)의 잣대를 두어 사유(思惟)한다.

지선(至善)을 구한다고하나 칠정(七情)을 벗어나지 아니하고, 대의(大義)를 세우나 시비(是非)의 그물을 걷어내지 못한다. 요즘의 학자들은 옛 사람이 "학문(學文)은 도(道)에서 나와야 바른 학문이다. 바르게 학문하려면 먼저 도(道)를 밝혀야 한다."라 함을 통해(通解)하지 못한다. 칠정(七情)으로 사유(思惟)하고 행동하기 때문이다. 철리(哲理)를 추구한다고 하는 이도 성로(聖路)인 도(道)의 해석에 각각이 제멋대로이다.

무심(無心)과 무위(無爲)란 말은, 곧 현성(賢聖)의 지극한 경지(境地)를 드러낸 말이다. 여기에 대개의 선비가 허투루 지나치거나 경박(輕薄)하게 해석(解釋)한다. 도안(道眼)이 열리지 않으면 해설할 수 없는 자리인줄 알지 못하기에, 안목이 어두워 그 묘의(妙意)를 적확(的確)하게 알지 못한다고 하는 글은 볼 수가 없다. 어찌하여 그러한지는 중용(中庸)에 설한다.

"어리석으면서 자기 견해(見解)를 쓰기 좋아하고, 천학(淺學)이면서 제멋대로 지도리[樞]를 세운다."

[愚而好自用 賤而好自專]

이는 공자(孔子)께서 깊히 걱정한 바이다. 동파(東坡) 역시 "도(道)에 밝아야 문(文)이 따른다. 문(文)은 도(道)에서 나와야 사념(邪念)에 떨어지지 아니하는 것이다."라 하였다.

또 동파는 시법(詩法)에서

"靜과 空에 밝아야 玄妙에 나아 갈 수 있다."

고 하였다. 정(靜)의 지극함은 동(動) 속에서 보아야 하고, 공(空)의 묘리는 어둠과 안개가 걷혀야 볼 수 있는 것이다. 그러하기에 범부의 사유(思惟)가 현묘(玄妙)에 거닐지 못하더라도, 반드시 독로(獨露)의 청한(淸閑)을 얻어야 문(文)에 안목이 생긴 것이라 하겠다.

동파추영(東坡抽影)은 동파의 적영(跡影)을 통해 범부의 인생을 비춰보는 동경(銅鏡)이 될 만 한 것이다.

菑.

坡影解題

소동파의 학문(學文)과 문장(文章)과 일생(一生)에 대해 지난 천년 동안 달사(達士)들이 살피고 살펴, 그 대체(大體)와 거님과 족흔(足痕)의 분판(分判)에 억견과 잡견이 떨어진 동파평판이 세고달사(世高達士)의 문집을 물들이고 있다.

남은 분판(分判)은 오직 선지(禪旨)와 소요(逍遙) 뿐이다. 선지(禪旨)가 동파의 본면(本面)이다. 동파의 개오(開悟)에서 종신(終身)에 이르기까지의 경지를 정견(淨見)하여 동파의 무정소요(無情逍遙)를 엿보아야할 것이다. 자성본명(自性本明)의 이(理)에 특취(特趣)가 없으면 동파의 본래면목(本來面目)은 만날 수 없는 것이라 하겠다.

중국은 이고(李翱)의 복성서(復性書)와 주돈이(周敦頤)의 통서(通書)와 소식(蘇軾)의 역전(易傳)과 고시(高詩)가 우뚝이 나왔으나, 뒷날의 선비들이 어두워 간과하였으나, 황정견(黃庭堅), 육구연(陸九淵), 왕수인(王守仁) 등이 그 진의(眞意)에 대략 합하였다.

명(明)의 왕수인(王守仁)에 의해 공자(孔子)의 종지(宗旨)가 높이 드러나고, 이지(李贄)에 이르러 정주(程朱)의 잡견(雜見)이 더러더러 떨어졌다. 뒤에 옹방강(翁方綱)이 소동파의 정수(精髓)의 대강을 밝힌 뒤, 동기창(董其昌)이 동파의 청신(淸新)을 가리키매 이론(異論)이 잠들었던 것이다.

그러나 한국의 유학(儒學)은 정주(程朱)에 치우쳐 물든 까닭에, 지금도 반소(反蘇)의 탁향(濁香)이 누유(陋儒)에 없지 않다고 하겠다.

고려(高麗)는 학선문사(學禪文士)가 창도하여 동파의 박학간명(博學簡明)한 지혜를 배우고, 천자(天姿)의 견처(見處)를 존숭하였다. 이인로(李仁老), 이규보(李奎報), 이제현(李齊賢), 이자현(李資玄) 등의 상사(上士)는 그 체(體)를 배워 음훈(吟薰)하였으며, 중사(中士)는 동파문(東坡文)의 풍격(風格)을 따르고 익혔으며, 하사(下士)는 문자(文字)를 흉내 내었다. 한마디로 고려의 문색(文色)은 동파일색(東坡一色)이었던 것이다.

조선(朝鮮)은 정주(程朱)의 주장이 국학(國學)으로 정해진 형국이라, 정주(程朱)의 말을 거스르기 어려워, 시류(時流)가 동파의 문(文)과 언행(言行)에 허물 잡은 폄하(貶下)가 더러 있었다.

그 무리 중에 허균(許筠)과 유희춘(柳希春)과 정약용(丁若鏞)이 심하였다. 유희춘은 소견이 주희(朱熹)에 경도(傾倒)된 자이며,

그 견해는 졸렬하다. 정약용은 세의(世義)가 분명하고 총명하나, 실용기의(實用起義)를 주로 삼고 조물주(造物主)에 의지하여 그 천착(穿鑿)이 심하여, 대학(大學), 논어(論語), 맹자(孟子) 등에 자주(自註)했으나, 그 내용이 모습에 치우친 유물론적 소설(所說)이라, 그 내용은 조잡허무(粗雜虛無)하다고 하겠다.

정약용(丁若鏞)은 유신(唯神)과 유물(唯物)에 경도(傾倒)되어 도문(道門)에 천박(淺薄)하였다. 숭상조물(崇尙造物)하며 형기(形氣)만을 믿는지라, 공자의 상어(上語)를 알지 못한 것이다. 자구졸사(字句拙士) 유희춘(柳希春)이 소식(蘇軾)을 말한다.

> "소식(蘇軾)은 도덕(道德)을 말할 때에는 대본(大本)을 어지럽히고, 사실을 논할 때에는 권모(權謀)를 숭상(崇尙)하며, 통달(通達)을 귀하게 여기면서 법도(法度)를 천하게 여기고, 부화(浮華)를 자랑하면서 본실(本實)을 잊으므로 전혀 예법(禮法)과 염치(廉恥)를 몰랐다."

고려와 조선에 동파의 시와 문장에 심취한 이가 많았다. 이규보(李奎報), 이제현(李齊賢), 이황(李滉), 정구(鄭逑), 이익(李瀷), 신흠(申欽), 허균(許筠), 황현(黃玹) 등이 소동파의 풍도(風道)와 문장(文章)를 존숭(尊崇)하여 그 진체(眞體)를 얻기에 힘썼다.

그러나 정이(程頤)와 주희(朱熹)의 이성형기설(二性形氣說)을 따르며 동파의 선기(禪幾)를 미워하는 자 중에 유희춘(柳希春),

송시열(宋時烈), 정약용(丁若鏞) 등은 동파를 평하여, 예법과 염치가 없다하고, 권모술수가 있다고 하며, 동파의 글의 대체(大體)가 추측(推測)과 재능에 그치며, 박학(博學)하여 고문(古文)의 인용에 능할 뿐이라 한다.

정주(程朱)의 그늘에 갇혀, 속으로는 동파를 존숭하나 밖으로 동파를 허물이 많다고 말하는 자로는 이색(李穡), 이황(李滉), 선조(宣祖), 송시열(宋時烈), 이익(李瀷), 정조(正祖) 등이다.

동파(東坡)의 약보(略譜)를 통해, 중국 역사상 걸출한 인물들이 가장 많이 출현한 북송시대(北宋時代)를 산책하며, 동파와 어울어 빗겨보고, 동파상시(東坡上詩)를 완상(玩賞)하면서 고사(高士)의 철리(哲理)에 몸을 기대보는 홍취(興趣)를 통간할 것을 점두(點頭)한다.

峙老.

1. 동파약보 東坡略譜 1036. 12. 19.~1101. 7. 28.

1036년 12월 19일.

북송(北宋), 사천(四川) 미산현(眉山縣)에서 출생. 모(母)의 태몽에 섬서(陝西)를 오가던 외눈 승(獨眼僧), 오조사계(五祖師戒)가 품에 들다.

1043년 8세.

향교에 입학, 도사(道師) 장이간(張易簡)에게 수학. 15세부터 독학(獨學), 부(父) 소순(蘇洵)에게서 황제내경(黃帝內經), 노자(老子), 장자(莊子)를 읽다.

1054년 19세.

왕불(王弗)과 혼인.

1055년 20세.

아우 소철(蘇轍)에게 말한다. "나는 위로는 옥상황제와도 사귈 수 있으며, 아래로는 거지들과도 잘 어울릴 수 있다. 내 생각에는 이 세상에 참으로 악한 사람은 없는 것 같다." – 소철은 키가 크고 마른 편이며 수재(秀才)이다. –

1056년 21세.

父 소순(蘇洵)을 따라 개봉으로 가서 개봉부시(開封府試)에 급제. - 소식은 광대뼈가 튀어나오고 단단한 턱, 준수한 외모에 건장한 체격을 갖추었다. -

1057년 22세.

예부시(禮部試) 급제, 어시(御試)급제, 모(母) 정씨상(程氏喪).

1061년 26세.

제과입격(制科入格). 대리평사봉상부첨판 부임.

- 민지회구(澠池懷舊)를 읊다.
- 구양수(歐陽脩)와 사제(師弟)의 연(緣)을 맺다.
- 구양수는 성품이 온화하였고, 당시 북송문단(北宋文壇)의 영수(領袖)이다.

1063년 28세.

은자(隱者) 왕팽거사(王彭居士)를 만나서 공리(空理)를 들었으며, 지관(止觀)의 요묘(要妙)를 통해(通解)했다. 대적무심(大寂無心)의 설을 적문(的聞)했으나 소견(所見)은 측지(測知)에 그쳤다.

1065년 30세.

소시(召試) 입격. 급제의 문장(文章)이나 구양수가 일부러 차제(次第)로 하다. 처(妻) 왕불(王弗)이 이세(離世)하다.

1066년 31세.

부(父) 소순(蘇洵)이 하세(下世)하다. 소순은 학식(學識)이 깊고, 선(禪)에 조예(造詣)가 있었다. 문장(文章)이 고결(高潔)했으며 시취(詩趣)는 청한(淸閑)하였다. 소순이 처음으로 족보(族譜)를 창안했다.

1068년 33세.

왕윤지(王閏之)와 재혼(再婚).

1069년 34세.

개봉(開封)에 복귀, 판관고원 제수(除授).

1071년 36세.

과거제도 변혁과 신법(新法)의 문제점에 대해 상소, 왕안석(王安石)의 미움을 사 항주통판으로 좌천.

- 1071년 1월 동파는 개봉부향시에 출제하였는데 시제(試題)가 "독단(獨斷)에 대해 논(論)하라."였다. 이에 왕안석이 노하고, 사경온이 동파탄핵안을 내어 모함하였다. 이는 사마광(司馬光)의 기록이다.

1073년 38세.

"人生如朝露 要作百年客"이라 읊었다.

- 또한 산사(山寺)와 호수(湖水)가를 거닐다가 무구서정(無垢抒情)을 읊었다.

天欲雪	눈이라도 내릴 듯
雲滿湖	호수 위에 구름이 가득하여
樓臺明滅山有無	저 너머 탑과 언덕이 보일 듯 말 듯.

1074 39세.

왕윤지의 뜻에 따라 왕윤지의 몸종 조운(朝雲)을 첩으로 맞이하다. 항주지주, 서주지주를 역임하다.

– 소식은 항주(杭州)와 광주(廣州)에 식수시설, 고아원, 학교를 짓고, 감옥에 의원을 설치하였다. 그리고 악습퇴치, 기아구제, 제방축조 등의 제세구민(濟世救民)에 힘썼다.

– 동파가 1074년(39세) 어느 날, 벗인 시승(詩僧) 참요화상(參寥和尙) 등과 함께 수성원(壽星院)을 찾았다. 수성원은 초행이었다. 동파가 절에 들어서면서 문득 벗에게 말한다. "수성원은 92개의 돌계단이 참회당으로 통할걸세." 실로 그러하였다. 절의 건물과 정원, 바위에 대해서도 미리 그 모습을 설명하고는 "전세(前世)에 이곳에 살았던 것 같다."고 하였다. 이러한 경우는 욕(欲)이 적고, 식(識)이 맑은 청사(淸士)에게 간혹 나타나는 현상이다. 뒷날(1121년경) 수성원의 노승(老僧)이 말한다. "노승이 수성원에 동자승으로 있을 때, 당시 항주지주인 동파가 홀로 산사(山寺)에 오르는 것을 가끔 보았다." 또 말한다. "산사에 오른 뒤에는 산승의 등걸이 의자를 빌려, 대숲 근처에서 상의을 벗고 몸을 드러낸 채로 낮잠을 즐겼는데, 태수의 체면 따위는 관심이

없었다. 당시에 노승이 저으기 바라보니 동파의 등에 7개의 점이 있었는데, 북두칠성의 배열 이었다."
- 노승이 평하여 이른다. "동파는 천상에서 잠시 인간 세상에 온 나그네이다." 노승의 말이 있은 이후에, 세상에서 동파를 파선(破僊)이라 부르게 된 것이다. 전등록(傳燈錄), 거사열전(居士列傳), 동파집(東坡集) 등을 통해 보면 동파는 전세에 오조사계화상(五祖師戒和尙)이었다. 동림(東林), 불인(佛印) 등 당대의 대선사(大禪師)가 동파를 보자마자, 계화상(戒和尙)이라 불렀다. 사계화상(師戒和尙)이란 말이다. 그들은 선정(禪定)이 깊고 식(識)이 맑아 서로 알아보는 관계라 할 것이다.

1075년 40세.

서호(西湖) 북쪽 제방에 닿으면 영은사(靈隱寺)가 있다. 영은사 뒤는 천축산(天竺山)이다. 천축산 줄기 아래에 성(城) 내외로 360 여개의 절이 있다. 동파가 하루를 서호의 영은사, 천축산을 한유(閑遊)한 뒤, 읊는다.

始悟山野姿　이제사 山野의 素朴을 알겠거니
異趣難自强　異趣를 밝게 봄이 어려워라.
人生安爲樂　무엇이 人生의 참된 길인가?
吾策殊未良　나 여태 잘못 산 路程이 부끄럽구나.

* 姿 : 素朴한 淡姿.

1079년 44세.

호주지주(湖州知州)가 되다. 왕안석 일파가 동파를 미워하여 어사대(御史臺)에 투옥하다.

- 신종(神宗)은 동파를 사형에 처할 뜻이 없었으나, 왕안석이 조장하고, 이정(李正)과 왕규(王珪)가 처형하자고 하였다.

- 사형(死刑)의 의론이 중했으나 사마광(司馬光), 범진(范鎭), 왕공(王鞏), 소철(蘇轍), 장방평(張方平), 이청신(李淸臣), 문동(文同) 등이 절절히 탄원하여 황주폄적(黃州貶謫)으로 정하다.

- 옥에서 절명시(絶命詩)를 읊다.

- 오대(烏臺)사건에 동파를 적극 옹호한 왕공(王鞏)은 귀양을 가고, 장방평(張方平)과 이청신(李淸臣)은 벌금으로 구리 30근, 사마광(司馬光), 범진(范鎭) 등 18명은 구리 20근의 벌금이 과해 졌다.

- 동파는 넉 달 열이틀 만에 출옥하여, 황주(黃州)에 폄적(貶謫) 되었다. 동파가 술을 마신 뒤 읊는다.

顚狂不用喚	미친듯한 나를 굳이 흔들어 깨울 것 없네.
酒盡漸須醒	술기운이 다하면 절로 깨어날 걸세.

- 왕안석 일파는 여혜경(呂惠卿), 사경온, 이정(李正), 왕규(王珪), 장돈(章惇), 정호(程顥), 정이(程頤), 장상영(張商英) 등이다. 정호(程顥)와 장상영(張商英)은 왕안석의 독단과 동파폄적에 회의를 느껴, 물러나 소은(小隱)과 중은(中隱)을 택하여 공부에 전념하였다.

- 정호(程顥)는 만년에 동림상총에게 의지하여 지견(知見)이 열리고, 장상영(張商英)은 동림상총, 진정극문, 유봉종열 삼사(三師)의 친자(親炙)를 입어 견처(見處)가 밝았다. 뒷날, 장상영은 대혜종고(大慧宗杲)를 시험하여 명성을 높았다.

- 1079년에는 왕안석(王安石)이 집정하였고, 한기(韓琦)와 구양수(歐陽脩)는 세상을 떠났으며, 부필(富弼)과 범진(范鎭)은 은퇴하였고, 사마광(司馬光)은 집필에 열중하였다. 또한 장방평(張方平)은 술과 벗하며 묵언반조(默言返照)에 젖었으며, 소철(蘇轍)은 명철보신(明哲保身)하여 조용히 지냈다.

- 왕안석(王安石)은 편집(偏執)의 광기가 있는 이상주의자라 하겠다. 그는 거칠고 땟국이 흐르는 옷에, 머리와 수염을 다듬지 않았으며, 한 벌 도포를 거의 갈아입은 적이 없었다고 한다. 소순은 왕안석을 한번 만나 보고서 '왕안석은 나라를 어지럽힐 인물'이라고 예언했다. 장방평(張方平)도 '왕안석은 편벽과단이 심해 위험한 인물'이라하며 소순과 같은 견해를 말했다.

- 일찍이 소동파는 왕안석을 삼부족(三不足)이라 평하였다. "천명(天命)을 두려워하지 않고, 중언(衆言)을 좇지 아니하며, 선현(先賢)의 지혜를 따르지 않는다."(天命不足畏 / 衆言不足從 / 祖宗之法不足用)

- 장방평은 북송의 문장가로써 청한문사(淸閑文士)이다. 장방평은 사마광, 소순과 벗이다. 장방평이 소순 등과 영은사(靈隱寺)

를 돌아보면서 (1055년경) 말했다.

"내가 전세에 이 절의 선사(禪師)를 지냈다." 다시 승원 2층을 가리키며 말한다. "저 다락에서 불경(佛經)을 초사(抄寫)하였는데 완성하지 못했다."고 회상했다. 벗들이 승원 2층에 올라가서 찾아보니 미완성의 수고(手稿)가 있었다. 글씨체는 장방평의 글씨체와 흡사했다. 그 경은 열반경(涅槃經)이라 한다. 장방평은 수고(手稿)를 보자마자 먹을 갈더니, 그가 전세에 쓰다가 중단한 부분부터 다시 추초(抽草)하여 썼다고 한다.

1080년 45세.

2월1일 황주도착.

유배생활 시작.

두문불출하며 간경묵좌(看經默坐)하다.

- 동파를 옹호하다 귀양 간 왕공(王鞏)에게 편지를 보내 그의 온화(溫和)하고 올곧은 성품을 말하고, 늙어 만날 때에 왕공(王鞏)의 벗으로 남아있기를 희망한다고 했다.

- 동파가 지식을 넘어 공자의 본지(本旨)를 향하여 이른다. "공자 이르기를, 한마디로 일러 '시삼백(詩三百)의 생각에 삿[邪]됨이 없다.'라 하였는데, 대저 생각이 있다는 것은 다 삿되다는 것이다. 선(善)과 악(惡)이 한가지로 생각에 삿[邪]됨이 없다면 흙과 나무이다. 어찌하면 생각함이 있으면서도 삿됨이 없게 할

수 있으며, 생각함이 없으면서도 흙이나 나무가 아니게 할 수 있을까?"

[孔子曰 一言而蔽之 曰思無邪夫有思皆邪也 善惡同而 無邪則土木也 云何能使有思而無思 無思而非土木乎]

1081년 46세.

황주성 동편의 황무지를 동파(東坡)라 이름하고 개간하였다. 또한 동파를 자호로 삼았다. 동파는 백거이(白居易)의 시, '보동파(步東坡)'에서 빌린 이름이다.

- 가끔 술주정뱅이에게 욕설을 듣는 일을 당하기도 했지만 동파는 남에게 신분이 알려지지 않은 것이 은근히 기뻤다.

1082년 47세.

지미(知迷)를 읊었다. 일통송여상(一慟送餘傷) [- 한바탕 크게 울고 묵은 칠정(七情)을 쉬고자 하노라.]의 구(句)를 토(吐)하다.

- 32세의 미불(米芾)이 황주의 설당(雪堂)로 찾아와 그림과 시에 대해 담론(談論)했다. 뒷날 미불은 대산수화가(大山水畵家)가 되었으며 동파의 문인(門人)으로 자처했다.

- 동파가 세상 떠난 지 70년 후인 1170년, 육유(陸游)가 이 곳 설당(雪堂)에 찾아와 동파의 초상(肖像)을 보았다고 기록하였다. 아마 미불(米芾)이 그렸을 것이다.

1083년 48세.

적벽부(赤壁賦)를 읊다. 적벽부는 같이 뱃놀이를 즐기던 도가(道家)의 양세창(楊世昌)을 향하여 읊은 것이다. 양세창이 도가(道家)의 영수(領袖)이나 그 언행에 바른 견처(見處)가 없음을 보고 도(道)의 대체(大體)를 설해한 시가 적벽부(赤壁賦)이다.

- 4년간 간경묵좌(看經默坐)하여 이즈음에 깊은 삼매(三昧)에 거닐다.

惟江上之淸風　오직 강 위의 맑은 바람과
與山間之明月　산 사이의 밝은 달만이라
耳得之而爲聲　귀는 이것을 들어서 소리를 삼고
目寓之成色　눈은 이를 만나 빛을 이루나니

라 읊어 천망견처(天網見處)를 보였다.

- 도가의 양세창(楊世昌)이 1082~1083 사이에 자주 찾아 왔다. 그는 양생(養生)에 일가(一家)를 이루었으며, 풍류를 좋아하여 밤 뱃놀이를 즐겨하였다. 동파가 양세창과 뱃놀이하다가 적벽부(赤壁賦)를 읊은 것이다.

부(賦)란 시(詩)의 여섯 형식 중의 하나로써, 앞에 마주하는 이에게 말하는 형식으로 읊는 것이다. 양세창은 단전술(丹田術)과 장생술(長生術)에 능하며, 풍류를 좋아하는 은자(隱者)이나, 그가 도심(道心)에 어두운 것을 동파가 보고서, 천지자연의 운행

과 생멸(生滅)의 근원에 대하여 가르침을 주고자 적벽부를 읊었다. 범부의 몽환(夢幻)과 물불천(物不遷)과 적연부동(寂然不動)의 이치를 부(賦)로 읊은 것이다. 양세창은 적벽부를 통해 배운 바컸다. 양세창이 적벽부에 착고(着稿)하여 음미하다가, 도가의 은자들에게 전하여 널리 알려지게 되었다. 적벽부의 달통(達通)한 이(理)가 이로부터 천하에 퍼진 것이다.

그러나 동림상총은 평하여 이르기를 "동파가 약간의 소견(所見)이 생한 것이다."하였다. 동파는 적벽부를 읊은 이듬해, 동림상총을 뵙고, 명지(明指)의 친자(親炙)를 입어 개오(開悟)한다.

1084년 49세.

여주안치(汝州安置)의 명을 받고 4월에 항주를 떠나 여주로 향한다. 이 때, 벗 시승 참요화상이 와서 동행한다. 임어당은 참요(參寥)를 대시인으로 이해하였으나, 동파는 말년에 혜주(惠州)에서 참요를 심하게 나무랜다. "그대는 정념(情念)에 거처하여 시(詩)를 읊나니, 나의 시(詩)는 무정(無情)에 소요(逍遙)하노라."라 하였다.

- 여산(廬山) 동림사(東林寺)에 들러 동림선사(東林禪師)에게서,

"그대는 어찌하여 무정설법(無情說法)을 듣지 않는가?"

라는 꾸지람을 듣고, 다음날 아침 폭포소리를 듣자마자 개오(開悟)하여 "溪聲便是廣長舌 / 山色豈非淸淨身/"을 읊고 동림상총의

허여(許與)를 득한다. 동파가 동림에게 하직인사하고 돌아서는데, 동림화상이 "계화상(戒和尙)!"하고 부르니, 동파가 돌아보며 빙긋 웃었다.

- 동파가 그 다음날, "여산진면목(廬山眞面目)"을 읊어 자득지(自得智)를 보이다.

- 7월에 왕안석을 방문하여 한 점의 구원(舊怨)이 없음을 보이고 도담(道談)을 나누다. 왕안석이 말한다.

> "동파의 견처(見處)는 허공같이 해맑다. 저러한 이는 과거에도 없었고 앞으로도 없을 것이다."

왕안석이 동파의 무정소요(無情逍遙)를 측지(測知)하고, 허공행(虛空行)을 보았던 것이다. 이후 왕안석은 저택을 절로 개축하여 선림(禪林)에 보시하였다.

1085년 50세.

철종(哲宗)즉위, 고태후(高太后) 섭정, 6월에 복직, 등주지주에 임명. - 고려의 대각국사(大覺國師) 의천(義天)을 만나, 그의 견처(見處)를 인정하였다.

- 무하유(無何有)를 읊었다. 젊어서 장자(莊子)를 측해(測解)하여 자성(自性)의 영취(影趣)를 느꼈으나, 무하유(無何有)의 뜻에 미

진(未盡)하였는데 오늘에 장자(莊子)의 본지(本旨)에 거닐게 됨을 읊은 것이다.

1086년 51세.

철종원년, 한림학사(翰林學士)에 임명되다.

- 세한인(歲寒人)을 읊어 공자의 성일이관지(性一而貫之)에 합했음을 보이다.

- 동파가 고태후(高太后)에게 불려갔다. 이때 동파는 8개월 동안에 세 번 승진하여 한림학사(翰林學士)가 되었다. 어린 철종 옆의 고태후가 말한다. "그대가 그 자리 있는 것은, 선제[神宗]의 유지(遺志)요, 선제(先帝)가 식사도중에 젓가락을 내려놓을 때는 반드시 경(卿)의 문장(文章)을 읽을 때 였오."하니 동파가 읍(揖)하였다.

- 1086년 9월에 사마광(司馬光)이 사망했다. 동파 등이 조문한지 얼마 후, 황제 철종과 고태후가 조문 했다. 졸례(拙禮)를 내세워 조문(弔問)을 방해하였던 정이(程頤)를 향해 동파가 "그런 예(禮)는 산골 훈장이나 읊조리는 것이요."라 하니 조문객이 모두 웃었다. 정이의 하남학파(河南學派)는 이때부터 동파와 촉학파를 증오하였다. 실로 사소한 일이나 정이는 그 분노를 죽을 때까지 가져가며, 틈만 나면 동파를 비난했다.

– 사마광이 사망한 후, 동파는 명실공이 북송 제일의 학자였다. 한 때의 친구(親舊), 여공저(呂公著)와 범순인(范純仁)이 영수였고, 왕선(王詵), 왕공(王鞏), 손각(孫覺), 범조우(范祖禹) 등 옛 벗들은 조정의 요직을 맡고 있었다.

– 몇 년 전부터 편지하던 황정견(黃庭堅)이 동파를 찾아와 제자의 예를 갖추었는데 황정견은 동파보다 9세 아래이다. 진관(秦觀), 장뢰(張耒), 조보지(晁甫之)와 더불어 소문사학사(蘇門四學士)는 이미 북송(北宋)의 달사(達士)요, 중심인물이었다.

또한 이치(李廌)와 진사도(陳師道)가 동파문하에 들어와 소문육학사(蘇門六學士)가 되었다. 미불(米芾)은 문인을 자처했다. 정이(程頤)의 하남학파(河南學派)와 하북학파(河北學派)가 있었으나 존재가 미미하여 몇몇의 선비들이 따르는 정도였다. 비록 세월이 그러하나 동파는 당파적 인물이 아니다. 오직 바르고 따뜻하며, 밝은 도리만을 생각하며 모든 사람을 사랑하였다.

1086년을 통해 정이(程頤)가 출사(出仕)한 때의 사정을 볼 수 있다. 1086 9월에 사마광(司馬光)이 사망한 즈음을 살펴보지 않으면, 정이(程頤)의 행리(行履)를 가름하기 어렵다. 뒷날 주희(朱熹)가 정이(程頤)를 과대포장하여, 어둡고 흐린 곳을 가리고 맹종하였기에 공자심학(孔子心學)과 본지(本旨)를 달리하는 정주학(程朱學)이 탄생한 것이다.

1087년 52세.

시독(侍讀)을 겸직하였다.

운문(雲門)의 게(偈) "萬里足下靑 / 東山水上行 / 吾道此是中 / 行之貴日惺"을 읽고 동파가 찬탄하였다. 동산수상행(東山水上行)은 이름난 세진화두(洗塵話頭)요, 행지귀일성(行之貴日惺)은 순숙도인(純熟道人)의 공부이다. 풀어 설명하면 말이 번다해 지기에, 여기에서는 품의(稟儀)있는 독서인의 상의(上疑)를 기대하며 설명을 피한다.

1088년 8월 5일.

낙고설(樂苦說)을 짓다.

"사람은 누구나 즐거운 일을 바라고, 어렵고 힘든 일은 두려워한다. 이것은 사람들이 즐거운 삶이나 고생스런 삶에 뛰어들기 전에 갖는 하나의 정념(情念)으로 지은 인식(認識)에 불과하다. 고(苦)나 락(樂)이 이미 닥쳐서 그 속에 사노라면 좋아하거나 두려워할 겨를 없이 지나가 버린다. 그러하나니 고락(苦樂)을 겪고난 뒤에 무엇이 남아 있겠는가? 고락(苦樂)이란 마치 그림자나 산들바람과 같은 것이다.

대저 자신이 고생(苦生)스런 처지에 있으면 고생(苦生)을 벗어나 행복(幸福)해지려는 환상(幻想)으로써 대치(代置)하려 하나, 그렇게 한다고 행복(幸福)해지지 않는 것이다. 당연(當然)한 이치를 말하나, 나 또한 고락(苦樂)의 집착(執着)에서 온전히 자유롭지는 못하다."

동파가 이미 개오(開悟)하였으나 "나 또한 고락(苦樂)의 집착(執着)에서 온전히 자유롭지는 못하다."라 하여 임성수연(任性隨緣)의 길에 있음을 보인 것이다.

1089년 54세.

항주지주를 자청하다.

- 소철(蘇轍)은 태식(胎息)에 능했는데, 태식(胎息)은 지금의 단전호흡이다. 도사(道師) 이약지(李若之)에게 배웠다. 소철은 1069년부터 태식을 시작하여 1089년경에는 운기(運氣)가 통천자재(通天自在)하여 높은 경지에 있었다. 그러다가 동파로부터 "축기(蓄氣)는 한 때의 기운일 뿐일세. 극기자(克己者)라야 각료(覺了)일세!"라는 말을 듣고, 향성청순(香城淸順)에게 의지하여 무정삼매(無情三昧)를 이루어 몇 년 후, 지견(知見)이 열린다. 극기(克己)란 정념(情念)이 환(幻)인줄 자증(自證)하여 도심이 현전하는 것을 뜻한다. 이후, 소철은 절로 나날이 밝아져서 노자직해(老子直解)와 장자요해(莊子了解)를 지어, 황노문(黃老門)의 적자(嫡子)라는 평을 듣게 된다.

- 1089년 북송(北宋)은 동파(東坡)열풍으로 동파일색(東坡一色)이었다. 동파는 묵죽화(墨竹畵)의 창시자이다. 이는 이른바 문인화(文人畵)이다. 이러한 풍격은 오도자(吳道子)와 왕유(王維)에 의

해 처음 시도 되었으나, 동파에 의해 문인화(文人畵)가 자리매김한 것이다. 동파는 고종형(姑從兄) 문동(文同)에게 묵죽(墨竹)의 청신(淸新)을 배우고, 사원의 벽화를 통해 오도자(吳道子)에게서 지술(至術)을 보고, 왕유(王維)의 그림에서 한묵(閑墨)과 청기(淸氣)를 읽고 난 연후에 일기(一氣)를 일으켜 동파문죽(東坡文竹)을 세운 것이다. 세상에서 여백미(餘白美) 혹은 공공미(空空美)의 문인화라 하며, 묵죽(墨竹)그리기를 으뜸으로 여기는 것은, 동파를 따르는 그림자이다.

미불(米芾)은 산수화(山水畵)의 대가이고, 이공린(李公麟)은 북종화(北宗畵)의 대가이다. 미불과 이공린이 동파를 따른지라 삼대가(三大家)의 이름을 얻었다. 이공린(李公麟)과 이용면(李龍眠)은 같은 인물이다. 중국회화에서 생명력(生命力)이 청신(淸新)을 이루는 선(線)의 미학(美學)은 동파로부터 시작한 것이라고 청(淸)의 옹방강(翁方綱)과 동기창(董其昌) 등이 찬탄하여 말하였다.

1090년 55세.

서원회도(西園會圖)가 그려졌다. 중국 문예사(文藝史)의 대성회(大盛會)가 부마 왕선(王詵)의 집에서 열린 것이다. 이것이 서원회(西園會)이다. 서원회를 기념하기 위해 이공린(李公麟)은 그림으로 남겼고, 미불(米芾)은 서원회의 내용을 상세히 기록해 놓았다. 이 모임에는 소식, 소철, 이공린, 미불, 황정견, 장뢰, 조보지, 진관 , 이치, 진사도 외에 여러 문객과 시승(詩僧) 등이 앉고, 서고, 마시며, 시 짓고, 거문고 소리를 듣는 그림이 전한다.

이러므로 서원회도(西園會圖)는 동파세우도(東坡世友圖)라고도 부른다. 조선의 화가들도 더러 동파세우도를 그렸는데 지금 몇 점이 전한다.

1091년 56세.

2월 한림학사(翰林學士) 승지(承旨) 임명, 8월 영주지주를 자원하다. 재상 장돈(章惇)과 정이(程頤)일파가 동파를 미워하여 모함하였다. 동파가 말한다.

> "정(情)의 변화(變化)가 자신을 어지럽히고, 화복(禍福)이 자신을 위협하며, 알 수 없는 바가 그를 현혹(眩惑)시킨다. 변화(變化)는 유명(幽明)보다 큰 것이 없고, 화복(禍福)은 사생(死生)보다 맹렬(猛烈)한 것이 없으며, 알 수 없는 바는 귀신(鬼神)보다 심한 것이 없다."(여기서 鬼神이란 明德 즉 性을 가리킨다. 中庸16章의 귀신(鬼神)풀이다)

- 이는 사람이 구하는 바와 구해야 할 바를 말한 것이다. 정(情)이란 정념(情念)이니 곧 칠정(七情)이요, 사생(死生)이란 몸을 가리킴이요, 귀신(鬼神)이란 자성(自性) 즉 진심(眞心)을 뜻한다. 칠정(七情)과 몸[身]과 자성(自性)을 일렀으니, 몇 마디의 말로 인생론(人生論)을 편 것이다.

- 시법(詩法)을 읊다. 절구(絶句)를 추초(抽抄)한다.

欲令詩語妙　　詩語가 玄妙에 나아가려면
不厭空且靜　　空理와 淸靜을 싫어하지 않아야하리.

1092년 57세.

화복불택(禍福不擇)을 읊다.

1093년 58세.

왕윤지(王閏之)사망, 동파가 벼슬을 떠나 초야에서 조용히 여생을 보내고자 청원했으나 허락을 얻지 못하다.
- 아미타불송(阿彌陀佛頌)을 읊다.

1094년 59세.

재상 장돈(章惇)이 살의(殺意)를 띠고 혜주안치(惠州安置)를 지휘하여 유배. - 장돈은 젊어서 동파의 벗이었으나, 동파를 눈에 가시로 보아 모함하였다. 장돈은 30여명의 덕관(德官)을 모두 귀양 보냈는데, 동파를 가장 먼저 혹독하게 폄적 시켰다. 아마 그 험한 대유령(大庾嶺) 너머로 귀양 간 이는 동파가 처음일 것이다.

- 남화사(南華寺)를 찾아 불은(佛恩)을 읊다. 불조(佛祖)의 은혜를 입어 칠정(七情)의 망심(妄心)이 환(幻)인 줄 알아, 모다 지웠노라 하고, 육조대사(六祖大師)의 육신좌상(肉身坐像)에 참배하였다.
- 동파의 경지가 익어 종심(從心)으로 소요(逍遙)하다.

- 노도사(老道士) 오복고(吳復古)를 만나다. 오복고는 동파의 생애, 여러 곳에서 만난다. 그는 초월자(超越者)의 면모를 보이며 동파에게 "그대가 과시(科試)를 보지 않았으면 자유를 누렸을 걸세!"라 하였다.

1094년 59세, 10월 2일, 동파가 자기의 관(棺)을 준비하여 혜주(惠州)에 도착하다.

1095년 60세.

공적영지(空寂靈知)에 성성(惺惺)하여, 늘 엷은 미소(微笑)를 띠며 허공(虛空)을 바라보다.

- 보기천성(保其天性) 임성수연(任性隨緣)에 거닐며 공적(空寂), 무성금(無聲琴), 진량도(眞良圖), 공화(空華) 등을 읊어 자경(自境)을 보이며 소요(逍遙)하였다.

1096년 61세.

조운(朝雲) 사망.

- 유거(幽居)를 읊다.

1097년 62세.

다시 해남도(海南島) 담주(儋州)로 유배. 해남도는 지금의 남해도이다.

- 도인(道人)을 읊다. 절구(絶句)를 추초(抽抄)한다.

보살(菩薩)은 각(覺)에 머물지 않거니 /

비춤[照]과 비추는 자[照者] 동시에 잊었네라 /

라 읊어 적멸(寂滅)의 경지(境地)를 보이다.

또 관묘(觀妙)를 읊는다.

覽之不有	찾으면 있지 아니하나
却之不無	물리쳐도 없지 않나니
忽之覺之	공부란 홀연(忽然)히 깨닫는 것
要妙如此	요긴한 도리(道理)는 이와 같나니

1099년 64세.

고정(古井)에 무심경지(無心境地)를 토한다.

나의 시(詩)가 비록 졸렬(拙劣)하나 /

마음이 평평(平平)하면 성운이 절로 화(和)하나니 /

여러해 전부터 번뇌가 모다 없어져 /

[나의] 옛 우물[眞心]에는 파도가 없다네. /

1100년 65세.

옥국관(玉局館)에 임명, 거주(居住)의 자유를 회복하다.

- 오통선(五通仙)을 읊다. [대적(大寂)은 말하지 않았다.]
- 만연본허(萬緣本虛)를 읊다.

1101년 66세.

상주(常州) 도착.

– 평생공업(平生功業)을 읊다.

心如已灰之木　심여이회지목
身如不繫之舟　신여불계지주
問汝平生功業　문여평생공업
黃州惠州儋州　황주혜주담주

– 상주(常州)에 도착한 후, 약 한달 동안 병상에 누워 있었다. 벗 전세웅이 하루걸러 찾아왔다. 전세웅은 해남(海南) 폄적(貶謫)시에 늘 편지와 의약품을 보내주던 벗이다. 동파가 전세웅에게 말한다.

"해남에 있는 동안, 논어설(論語說)과 서전(書傳)과 역전(易傳)을 완성했는데, 자네가 이것을 보관하시게! 잘 보관하고 남에게 보이지 마시게! 30년 후에 반드시 크게 인정을 받을 걸세."

황주 유배시절, 역전(易傳)과 논어설(論語說)을 초해하였다가 서전(書傳)과 함께 해남도(海南島)에서 완해(完解)하였던 것이다.

– 어떤 이가 호연지기(浩然之氣)에 대해 물었다. 호연지기(浩然

之氣)는 맹자의 말이다. 동파가 답한다.

"호연지기(浩然之氣)는 모습이 없는 참 존재(存在) 즉 성(性)의 성성(惺惺)을 가리키는 말이다. 호연지기(浩然之氣)는 사람이 태어나기 전부터 존재하였고, 또한 사람이 죽고 난 뒤에도 사라지지 않는다. 호연지기는 만상(萬象)을 이루고, 강산(江山)의 모습을 나툰다. 모습이 없는지라 귀신(鬼神)이라 부르며, 사람에 있어 남녀(男女)로 나타난다. 이 이치는 명약관화(明若觀火)하여 의심(疑心)할 나위가 없다."

- 동파는 호연지기(浩然之氣)란 사람의 성(性)이라 하고, 그 성(性)은 모습이 없으나 인연(因緣)따라 남녀의 몸을 나타내며, 무시무종(無始無終)하여, 사람이 나기전이나 후에도, 항상(恒常)하다고 말한 것이다. 동파의 해석은 맹자와 같지 아니하다. 그것은 동파의 역전(易傳) 계사해(繫辭解)에 "맹자는 견성(見性)하지 못했다. 그런 까닭에 맹자는 말에 두서(頭緖)가 없다."라 함으로 알 수 있다고 하겠다. 이 말은 해남(海南)에서 썼다. 맹자의 산목비유설(山木比喩說), 무선무불선설(無善無不善說), 사단설(四端說), 성자설(聖者說), 반지설(反之說) 등은 중년에 측지(測知)로써 이른 말이요, 형색천성설(形色天性說), 진심지성설(盡心知性說) 등은 개오(開悟)이후에 드러낸 말이다. 동파가 이를 내려다보았던 것이다. 그런 연유로 역전(易傳) 등 저술을 30년 뒤에 세상에 내놓으라고, 벗 전세웅에게 부탁했던 것이다.

"맹자는 견성(見性)하지 못했다. 그런 까닭에 맹자는 말에 두서(頭緖)가 없다."

라는 동파설에 대해, 주희(朱熹)가 말한다. "이단(異端)의 설독(說毒)이 독사보다 심하다."

삼벽자(三碧子)가 주설(朱說)을 평한다.

"주희(朱熹)의 병설(病說)이 세상을 덮어 중하(中下)의 선비를 진질(疹疾) 속에 가두었다. 그 폐해(弊害)가 천년을 지나도, 지워지지 아니하고 계속한다. 어찌 그 독이 심하지 아니한가!"

1101 7월15일 열독(熱毒)으로 병세악화. 항주의 유림화상(維琳和尙)이 와서 이른다.

我口呑文殊　　내가 문수를 한입에 삼키고
千里來問疾　　천리를 달려와 병을 묻는다.

유림(維琳)화상의 문의(問義)는,

문수(文殊)의 반야(般若)를 보이나니
동파 그대는 문수(文殊)를 보는가?

라 한 것이다. 아구탄문수(我口呑文殊)는 마조(馬祖)의 일구흡진

서강수(一口吸盡西江水)의 의지(意旨)이다. 동파가 답한다.

大患緣有身　　큰 근심은 몸이 있는 까닭일세.
無身則無疾　　몸이 없으면 병(病)도 없다네.

대환(大患)은 노자(老子)의 화두(話頭)이다. 여기서 신(身)이란 환신(患身)이니, 칠정(七情)에 묶인 신(身)을 의미한다. 동파는 이미 세상 밖에 거처하여, 환신(患身)을 잊은 지 오래라, 담담허적(淡淡虛寂)하여 부득이(不得已) 답(答)하는 것이다. 동파의 답을 강해(强解)한다.

범부의 대환(大患)은 몸과 정념의 환(幻)일세 /
환신(幻身)이 없으면 병(病)이 없다네. /

1101년 7월 28일 아들 소매(蘇邁)가 유언(遺言)이 있느냐고 물었으나 동파는 웃으며 담담(淡淡)하고 편안(便安)하게 말없이 떠났다. 절세고사(絶世高士) 대적시인(大寂詩人)이 다음 쉴 곳으로 떠나간 것이다. 동파(東坡)거사, 상주(常州)에서 기세(棄世)하다.

– 동파(東坡) 떠난 후, 세인(世人)이 소동파(蘇東坡)에 대해 별호(別號)를 붙인다.

"백성(百姓)의 벗"
"평평세우(平平世友)"
"절세문장가(絶世文章家)"

"한묵서예가(翰墨書藝家)"

"태공선객(太空禪客)"

"옥국신선(玉局神仙)"

"묵적주선(墨跡酒仙)"

"무루파선(無漏破僊)"

2. 동파고시東坡高詩 구수九首

– 동파고시(東坡高詩) 구수(九首)는 삼벽자의 추선(抽選)이다. 삼벽자에 의하면 소동파 삼천수의 시 가운데 가장 빼어난 구수(九首)를 골랐다고 한다. 이 책 후편에 방외시(方外詩) 이십오수를 수록함에 여기의 구수(九首)가 또 포함되어 있다. 한 책에 두 번 싣는 번다함을 두는 것은 동파고시(東坡高詩) 구수(九首)의 풍격(風格)을 강조하는 의미라 보아두기 바란다.

제1수

東坡枇杖聲 – 東坡에 지팡이 끄는 소리

雨洗東坡月色淸　우세동파월색청
市人行盡野人行　시인행진야인행
莫厭犖确坡頭路　막염락학파두로
自愛鏗然枇杖聲　자애경연비장성

비에 씻은 동파(東坡), 달빛 맑고 맑으이,
도시사람 떠나고 촌사람만 보이네.

소 끌어 자갈땅 개간하고 언덕길 싫어 않는고야.
태공(太空)에 지팡이 끄는 소리, 홀로 좋아 하노라.

義解

비 온 뒤의 동쪽 언덕, 달빛 그윽 하거이
객(客) 떠나고 주인(主人)이 거닌다네.
그 땅, 땀 흘림이 어찌 싫고 좋음에 속하랴.
태공(太空)에 지팡이 끄는 소리, 벗도 들으시려나.

제2수

東林溪聲 동림계성

溪聲便是廣長舌　계성변시광장설
山色豈非淸淨身　산색기비청정신
夜來八萬四千偈　야래팔만사천게
他日如何擧似人　타일여하거사인

계곡의 물소리는 불(佛)의 설법이요
산 빛이 어찌 청정한 법신(法身)이 아니랴.
미혹(迷惑)할 제, 팔만사천 게송을 두나니
다른 날, 뒷사람에게 이 소식을 어떻게 전할 것가.

義解

천연의 폭포소리 주인공의 무정설(無情說)이라
천지만물(天地萬物)이 어찌 내 몸이 아닐 것가?
팔만사천 법문(法門)이라, 다만 빈종이거니
범부의 당처(當處)라, 언어(言語) 밖의 소식일세라.

제3수

廬山眞面目 여산진면목

橫看成嶺側成峰　횡간성령측성봉
遠近高底各不同　원근고저각부동
不識廬山眞面目　불식여산진면목
只緣身在此山中　지연신재차산중

가로 보면 산줄기, 옆에서 보면 봉우리
원근고저(遠近高低) 보는 데 따라 다르게 보이네.
여산(廬山)의 진면목(眞面目)을 알 수 없는 까닭은
다만 몸에 기대어 여산(廬山) 속에 있는 까닭일세.

義解

이리 보면 이러하고, 저리 보면 저러하네.
처소(處所)와 때[時]에 따라 달리 보이누나.

나의 참모습[眞面目]을 알 수 없는 까닭은
몸을 나로 여기며, 칠정(七情) 속에 있는 까닭일세.

제4수

無何有 무하유

問我何處來　문아하처래
我來無何有　아래무하유
熏風自南來　훈풍자남래
艸堂生微凉　초당생미량

어느 곳에서 왔느냐고 내게 물으면
나는 무하유(無何有)에서 왔다하리.
해맑은 바람이 스사로 남에서 불어오나니
초당의 처마 끝에 희미히 청량이 생하누나.

義解

어디서 와서 어디로 가느냐고 물으면
무하유(無何有)에서 왔다가 무하유로 간다하리.
해맑은 바람이 스스로 남에서 불어오매
그대의 소매 끝에 청량(淸凉)이 나누나.

* 我來無何有(나는 무하유無何有에서 왔다하리.) – 란 無去無來亦無住의 뜻이다. 본

지(本旨)가 그러하다. 眞我는 다만 寂然不動이나 범부의 칠정이 스스로 움직여 망환을 짓는 것이다.

제5수

詩法 시법

細思乃不然 세사내불연
眞巧非幻影 진교비환영
欲令詩語妙 욕령시어묘
不厭空且靜 불염공차정
靜故了群動 정고료군동
空故納萬境 공고납만경
我心空無物 아심공무물
萬象自往還 만상자왕환

자세히 생각하면 곧 어긋나나니
참 기예는 환(幻)같은 생각의 그림자가 아니어다.
시어(詩語)가 현묘(玄妙)에 나아가려면
공리(空理)와 청정(淸靜)을 싫어하지 않아야 하리.
지극히 고요함으로 온갖 칠정(七情)의 근원을 보고
공리(空理)를 자증(自證)해야 온갖 경계를 용납한다네.
나의 마음은 비어 정념(情念)이 없나니
삼라만상(森羅萬象)이 스스로 왕래(往來) 한다네.

제6수

十笏方丈 시홀방장

我觀維摩方丈室　아관유마방장실
能受九百萬菩薩　능수구백만보살
三萬二千師子座　삼만이천사자좌
皆悉容受不迫窄　개실용수불박착
又能分布一鉢飯　우능분포일발반
饜飽十方無量衆　염포십방무량중

내가 [四方十尺] 유마(維摩)의 방을 보나니
능히 구백만 보살(菩薩)을 수용하고
삼만 이천 사자좌(師子座)를 폄이라,
다 다 들이고도 비좁지 아니도다.
또한 능히 한 발우(鉢盂) 밥을 나누어
시방(十方)의 한량없는 중생을 배불리도다.

* 시홀방장(十笏方丈)의 본지를 얕은 지견(知見)으로 실지(實地)를 헤아리기 어렵다. 能受九百萬菩薩 皆悉容受不迫窄과 又能分布一鉢飯 饜飽十方無量衆의 도리는 유마경(維摩經)의 삼대 난해처의 두 번 째 이다. 동파의 견처가 탁연(卓然)함을 보았다고 하겠다. 만해(萬海)도 能受九百萬菩薩과 饜飽十方無量衆에 막혀 해설의 필(筆)을 거두었던 자리이다.

* 秋史가 젊은 날, 銀海寺 百興庵에서 十笏方丈을 적었다. 그 뒤 三十餘年을 노력하여 "不作蘭花二十年 / 偶然寫出性中天 / 閉門覓覓尋尋處 / 此是維摩不貳禪"을 읊었다.
秋史는 覃溪 翁方綱에게 배웠다. 百興庵 眞影閣의 山海崇深은 覃溪의 "攷古證今 山海崇深"의 句에서 취한 것이다.

제7수

觀妙 관묘

肅然是非　숙연시비
行走坐臥　행주좌와
飮食語默　음식어묵
具是衆妙　구시중묘
無不現前　무불현전
覽之不有　람지불유
却之不無　각지불무
忽之覺之　홀지각지
要妙如此　요묘여차

숙연(肅然)이 옳고 그름을 관함이라
가거나 머무르거나 앉거나 눕거나
마시거나 먹거나 말하거나 침묵하는 가운데
중묘(衆妙)가 온전히 갖춰져 있어
앞에 드러나지 않음이 없네라.
살펴봄에 있지 않고
물리쳐도 없지 않거니.
홀연히 깨닫는 것이라
요긴한 묘리(妙理)는 이와 같나니.

제8수

泛影 범영

畫船俯明鏡　화선부명경
笑問汝爲誰　소문여위수
忽然生鱗甲　홀연생린갑
亂我須如眉　난아수여미
散爲百東坡　산위백동파
頃刻復在茲　경각복재자

* 茲(자) : 본래.

화선(畫船)타고 구부려 거울 같은 강물을 보나니
그림자에게 웃으며, 너는 누구냐?고 물어본다오.
갑자기 비늘 껍질 같은 파문이 이나니
내 얼굴의 수염과 눈썹이 일렁거린다오.
흩어져 백 개의 동파가 되더니
금방[頃刻] 다시 본래(本來)로 돌아오누나.

* 인생에 情念이 주인노릇을 하면, 온갖 얼굴 모습과 몸짓을 그려낸다. 그려진 얼굴과 몸짓은 허망한지라 곧 자취 없이 사라진다. 그려진 얼굴과 몸짓이 사라지면, 본래의 참모습이 스스로 나타난다. 백 개의 동파는 그림자요, 하나의 동파는 진면목(眞面目)이다. 봄을 묻는가? 버들은 푸르고, 꽃은 붉으니라. 본래의 나로 돌아오는 방도는 오직 情念을 쉬는 길 뿐이다. 道心工夫는 다만 이러할 따름이다.

제9수

拙修 졸수

貧家淨掃地　빈가정소지
貧女好梳頭　빈녀호소두
下士晩聞道　하사만문도
聊以拙自修　료이졸자수

가난한 집, 마당을 깨끗이 쓸고
가난한 아낙은 머리를 곱게 빗는다네.
하사(下士)가 늘그막에 도(道)를 배워
졸박(拙樸)에 즐거이 하며 삼매(三昧)에 드누나.

* 貧家(빈가) : 폄적처(貶謫處)인 해남도(海南島)의 어느 선비집.
* 梳(소) : 빗. 머리를 빗다.
* 下士(하사) : 동파(東坡)에게 도를 묻던 선비.
* 聊(료) : 즐기다.
* 拙樸(졸박) : 무념삼매(無念三昧)에 처음 듦.

3. 정주程朱의 관소觀蘇

❑ 정이(程頤)가 여산진면목(廬山眞面目)을 읽고, 양시(楊時), 사량좌(謝良佐) 등의 문인에게 말한다.

"소식(蘇軾)이 학문(學文)은 이르지 못했으나, 말은 경지(境地)에 이른 것이 있다. 소식(蘇軾)이 이 경지(境地)에 이르지 못했지만, 가져다 비유(比喩)한 것은 유감이 없으니, 마땅히 학자로써 살펴볼 일이다."

– 여산진면목 廬山眞面目 –

橫看成嶺側成峰 횡간성령측성봉
遠近高底各不同 원근고저각부동
不識廬山眞面目 불식여산진면목
只緣身在此山中 지연신재차산중

가로 보면 산줄기, 옆에서 보면 봉우리
원근고저 보는 데 따라 다르게 보이네
여산의 진면목(眞面目)을 알 수 없는 까닭은
다만 몸에 기대어 여산 속에 있는 까닭일세.

뒷날, 여산진면목을 완상한 이익(李瀷)이 말한다. "정이(程頤)의 혹평이 있으나, 여산진면목(廬山眞面目) 한 편(篇)은 진실로 자증(自證)의 경지가 없으면 나올 수 없는 시(詩)이다. 누가 있어 이런 시(詩)를 토(吐)할 것인가. 참으로 신품(神品)이다."

❑ 공자께서 나의 도(道)는 일이관지(一以貫之)라 하였으나, 정이(程頤)가 본연지성(本然之性)과 기질지성(氣質之性)이라 하여 성(性)을 둘로 갈라 놓았다. 이로써 유학(儒學)의 근본을 왜곡(歪曲)하였으니 그 잘못이 하늘을 덮는다. 정이(程頤)가 스스로 어두우면서 가벼이 학문(學文) 운운하며 평하는 것이 가당(可當)하지 아니하다고 하겠다.

여산진면목(廬山眞面目)을 푼다. 여산진면목은 소식의 49세 1084년에 읊었다. 동림계성(東林溪聲)에 이은 토공진체(吐空眞體)의 성(聲)이라 하겠다. 사람들이 자신의 진면목(眞面目)을 보지 못하는 것은, 몸을 나[我]라 여기며 칠정(七情) 즉 망심(妄心) 가운데 있기 때문이다. 소동파는 이 도리를 밝히 알아, 여산에 빗대어 사람들이 스스로의 진면목을 보지 못하는 까닭을 간명히 읊은 것이다.

이로부터 선가(禪家)에서 청정자성(清淨自性)을 진면목(眞面目)이라 부르는 것이 일반화 되었다. 동파의 공부는 황주유배를 통해 밝아진다. 개봉에서 문명(文名)을 날리며 옳다 그르다 다투는 무리 속에 있었다면, 사유(思惟)는 도(道)에 가까우나 무심(無心)에 거처함은 멀었을 것이다. 여산진면목(廬山眞面目)의 경지에서 더 나아가, 무정소요(無情逍遙)에 거닐어야 무심도인(無心道人)의 경지를 함이 없이 드러낼 수 있는 것이다.

❏ 동파가 기세(棄世)한 백년 뒤, 주희(朱熹)가 동파를 공격하여 말한다.

> "나는 함부로 옛사람을 질책하여 공격하는 사람이 아니다. 성탕(成湯)은 내가 상제(上帝)를 두려워하기 때문이라 하지 않았는가? 감히 소식(蘇軾)의 언행(言行)을 바로잡지 않을 수 없다. 소씨(蘇氏)는 웅장(雄壯)하고, 깊고 번화(繁華)하며, 신묘(神妙)한 문장(文章)으로 기울어, 위태롭게 변환(變換)하는 습관으로 선동하므로, 그 해독(害毒)을 입은 사람이, 살에 젖고 뼛속에 스미게 되어도 스스로 깨닫지 못한다."

❏ 또 주희(朱熹)가 동파(東坡)를 욕(辱)한다.

> "동파(東坡)는 도(道)를 체득(體得)하고 문장(文章)을 쓴 것이 아니라, 문장을 쓰면서 점차로 도(道)를 추구하여 문장 속에 집어넣었으니, 이것이 동파의 병폐(病弊)이다. 동파는 도시 작문(作文)을 하면서 점차로 도리(道理)를 말해간 것이지, 먼저 도리(道理)를 체득(體得)하고 작문(作文)을 하지 않은 까닭에 근본(根本)이 모두 틀어졌다."

❏ 당송팔대가(唐宋八大家) 가운데 도(道)를 깨치고 문장(文章)을 지은 이가 누구인가?

한유(韓愈)는 "도(道)에 뜻을 두는 것으로써 문장(文章)의 전범(典範)으로 삼는다."라 하여 공자(孔子)의 도를 배워 그 진의를 밝히고자함을 문장의 처음으로 삼는다고 한 것이다. 한유도 만년에 개안(開眼)하여 앞의 말을 부정하고 고쳤으나, 뒷사람은 한유가 중년에 혈기로써 한 말을 따르므로 병폐(病弊)가 있는 것이다.

유종원(柳宗元)은, "도(道)를 밝힘으로써 문장(文章)을 삼는다." 라고 하여 도를 밝힌 이가 문장에 나아가야 바르게 될 수 있다고 한다. 이것은 달사의 문장이라도 도에 합하지 아니하면 밝은 문장이 아니라는 뜻이다. 유종원(柳宗元)도 말년에 스스로 도에 밝지 못함을 부끄러워하였다.

구양수(歐陽脩)는, "도(道)에 합하면 문장(文章)이 절로 이른다."라 하여 일찍이 자득처(自得處)가 있음을 말하였다. 도(道)에 어두우면 신돌(呻咄)하여 문장을 지으나, 도(道)를 밝히면 산하(山河), 대지(大地), 바람과 구름[風雲]과 새 날고 고기 노는 것[鳶飛魚躍] 모두에 스스로 그러한 도리를 알아서, 치우치거나 모자람이 없이, 꾸미지 않고 문장(文章)을 있는 그대로 나툴 수 있음을 가리켜 말한 것이다. 구양수(歐陽脩)는 문장이 칠정에 머무름

없이 문(文)을 이루는 것을 도문(道文)이라 하고, 도심(道心)에 미혹(迷惑)한 채로 짓는 문(文)을 도문(倒文)이라 한 것이다. 문론(文論)은 구양수(歐陽脩)에 이르러 그 바름을 드러냈다고 할 것이다.

❑ 소식(蘇軾)이 이른다.

"문장(文章)이란 반드시 도(道)와 더불어야 한다. 문장이란 그렇게 하기 위해 작문(作文)할 것이 아니다. 그렇게 하지 않을 수 없게 된 뒤에 절로 공교(工巧)해지는 것이다. 산천초목, 구름, 안개, 꽃, 열매 등은 절로 드러난 것이니 그것이 없고자 해도 그렇게 될 수 없는 것이다. 그러므로 참[眞]에 뿌리 하여야 그 바름을 나타낼 수 있는 것이다."

❑ 소식(蘇軾)이 또 이른다.

"문장은 반드시 도와 더불어야 된다. 장자(莊子)의 의호천리(依乎天理)를 알아야 문장이 설 수 있다."

장자(莊子)의 의호천리(依乎天理)란 본연지도(本然至道)를 가리킨다. 본연지도란 사람의 본성(本性)이다. 본성은 곧 진심(眞心)이다. 범부는 칠정의 환심(幻心)으로 마음을 삼기에 공자(孔子), 노자(老子), 장자(莊子)가 진심(眞心)을 회복하라고 하는 것이다. 극기복례(克己復禮)라 하고, 귀진(歸眞)이라 하며, 무심어세(無心

於世)라 하며, 이환즉진(離幻則眞)이라 하는 것이 모두 진심(眞心)을 회복하면 범부가 곧 전성(前聖)과 다르지 아니함을 알게 된다는 것이다.

그리하여 진심을 회복한 이는, 자신이 곧 바로 조물자임을 스스로 발견한다는 것이다. 그리하여 이전(以前)의 인생이 환심(幻心)의 노리개였음을 확인하게 된다는 것이다. 이러한 도리를 한유(韓愈)와 유종원(柳宗元)이 추구하고, 구양수(歐陽脩)와 소식(蘇軾)이 자증(自證)하였던 것이다.

고래(古來)로 문장의 다만 이치가 이러하다. 만약 이러히 안다면, 정주(程朱)와 같이 도문(倒文)으로 문장을 삼지는 않을 것이다.

주희(朱熹)의 문장은 도문(倒文)아닌 데가 드물다. 주희의 맹견(盲見)에 대한 지적은 삼벽자(三碧子)의 육경촬요(六經撮要)에 자세하다. 사람들이 주희(朱熹)의 천견(淺見)을 따르는 것은, 세월에 속고 또한 깊은 사유(思惟)가 없기 때문이다. 둔사(鈍士)가 자견(自見)을 높게 여겨 많은 글을 지으면, 만세에 우환(憂患)을 남기는 것이다.

4. 소정대립蘇程對立의 단端

소위 촉낙당쟁(蜀洛黨爭)은 사마광(司馬光)의 빈소(殯所)에 문상(問喪)하는 소례(小禮)의 사소(些少)한 견해차이로 출발한 것이다. 정이(程頤)는 졸렬(拙劣)하고 아만(我慢)이 높아 한번 분노(憤怒)하면 곧바로 적(敵)으로 삼는다.

그리하여, 낙학파의 조정지(趙挺之)가 황정견(黃庭堅)을 논하고, 주광정(朱光庭)은 진관(秦觀)을 탄핵하였으며, 가이(賈易)는 소동파(蘇東坡)가 죽서사(竹西寺)에 제시(題詩)한 것을 비틀어 탄핵하였으니, 이러한 사건이 낙파(洛派)의 졸렬(拙劣)한 미적(迷跡)인 것을 온 세상이 안다. 낙촉(洛蜀)의 인과(因果)와 그 망흔(妄痕)을 본다.

❑ 제일단(第一端)

소식(蘇軾)이 한림시독학사(翰林侍讀學士)로 있을 때, 정이는 숭정전설서(崇政殿說書)로서 황제에게 강의하고 있었다. 당시 소식이 정이보다 직위가 높았다. 이때, 정이는 스승을 높이고 도(道)를 중시하는 고례(古禮)를 택하여 전상(殿上)에 앉아서 강의

하여 사도(師道)의 권위확립을 자처하고 있었다. 이즈음 구양수(歐陽脩)의 벗, 사마광(司馬光)이 죽었다. 관리들이 명당(明堂)의 의식에 참가한 후에, 조문(弔問)을 가려하자, 정이가 말하였다.

"노래한 날에 또 곡(哭)을 하는 것은, 논어(論語)에 공자께서 '곡(哭)하신 날에는 노래를 하지 않으셨다.[哭則不歌 – 述而篇]'고 하였으니, 고례(古禮)에 맞지 않다. 조문(弔問)가서는 아니 된다."

공자의 시행(示行)은 즐거이 노래한 일이 있은 뒤에 조문(弔問)하여 곡하지 아니한다는 뜻이 아니다. 곡(哭)을 한 날에는 노래를 하지 않는다는 의미이다. 이는 망자(亡者)를 생각하여 엄숙(嚴肅)을 행하는 것이다. 정이가 고루(固陋)하여 예(禮)의 뜻에 통하지 못하고, 글귀를 외운 것이다. 이에 소식(蘇軾)이 말한다.

"이것은 시장에서 비례(非禮)로써 죽은[枉死市] 한(漢)의 숙손통(叔孫通)이 세운 예(禮)와 같다."

사람들이 모두 크게 웃었다. 정이가 소식에게 원망을 갖게 된 단초가 여기에 있는 것이다. 왕사시(枉死市)는 송(宋)의 속어로써 숙손통(叔孫通)이 형식을 중히 여겨 허례(虛禮)를 세웠음을 비웃는 말이다. 숙손통이 진(秦)을 버리고 유방(劉邦)에게 귀순하여 한례(漢禮)를 만들고, 시장통에서 비례(非禮)로 죽어간 것을 의미한다. 예(禮)를 세움에는 예(禮)의 근원에 합할 것을 생각하고, 예(禮)를 시행함에는 예(禮)가 사람을 부리는 것을 경계해야 한다. 예(禮)가 지나쳐서 사람의 생활과 행동에 어려움을 준다면, 그 예법(禮法)은 당장에 기폐(棄廢)해야 하는 것이다.

정이는 사람이 예(禮)를 부리는 도리를 알지 못하였다고 하겠다. 이러한 뒤, 정이는 고례(古禮)의 형식을 복원하여 대부(大夫)의 예(禮)를 서민(庶民)에게까지 넓혀서, 서민의 삶을 허례허식(虛禮虛飾)으로 이끌어, 서민을 고단하게 한 잘못이 있다. 또한 정이는 묘제(墓祭), 시제(時祭) 등 여러 종류의 제사(祭祀)를 창안하여 허례(虛禮)의 종주(宗主)가 되었다.

예(禮)란 사람을 공손(恭遜)하게 하고, 나아가 공경(恭敬)을 체득(體得)하게 해서, 만인(萬人)이 평등(平等)한 도리를 통해(通解)한 연후에, 마침내 도에 나아가게 하는 기초교육법(基礎教育法)이다. 또한 예(禮)란 남을 배려하며, 자기를 낮추고 남을 높이는 것이다. 그리고 대례(大禮)란 모든 사람이 평등(平等)하여, 사람마다 도체(道體)를 갖추고 있음을 배우고 익히며 숙득하는 것이다. 그러므로 예(禮)가 주인(主人)이 되어 사람을 부려서는 아니되는 것이다. 정이는 예(禮)에 부림을 당한 사람이라 하겠다.

❑ 제이단(第二端)

정이(程頤)가 전상(殿上)에 올라 황제(皇帝)를 내려다보며 강하였다. 강목(講目)은 대학(大學), 중용(中庸), 논어(論語) 등이다. 강의태도가 오만하고, 강의 내용도 공지(孔旨)에 합한 것이 적었다. 이에 소식이 소(疏)를 올려 말한다.

"신(臣)이 평소에 정모(程某)의 바탕이 간사함[坐殿上 固古禮]을 미워하여, 일찍이 말과 얼굴빛을 좋게 한 적이 없습니다.[臣素嫉程某之姦 未嘗假以辭色]"

이는 신하가 전상(殿上)에 오르는 것은 자고(自高)의 오만함이나, 정이가 스스로 고풍(古風)을 일으킨다 하고, 공자(孔子)를 세운다하나 도리가 박약(薄弱)하여 곧지 않으므로 소동파가 문기(文氣)를 바루고자 소(疏)를 올린 것이다. 뒷날, 공문중(孔文仲)이 경연(經筵)에서,

"정모(程某)는 더럽고 간사하여[殿上에 올라 自高함] 본디 향대부(鄕大夫)의 행실이 없으며, 경연(經筵)에서 변설(辨說)을 아뢰는 것이 외람(自見獨上)되어 분수를 모릅니다.

귀신(貴臣)을 두루 찾아보고, 대간(臺諫)을 찾아다니며 어지럽게 이간(離間)하여 은혜와 원수를 갚습니다. 그리하여 시정에서 오귀(五鬼)의 괴수로 지목하고 있으니 전리(田里)에 추방해서 전형(典刑)을 보이소서."

하였다. 이후 정이는 국자감(國子監)으로 약간의 좌천을 하게 되었다. 이에 정이는 오히려 소식(蘇軾)을 원망하고, 신법파(新法

派)를 자극하여 소식(蘇軾)을 폄적(貶謫)시키는데 힘쓰는 계기가 된 것이다.

❑ 제삼단(第三端)

정이(程頤)는 정좌(靜坐)를 좋아하는데, 소식(蘇軾)은 드러눕기를 좋아하였다는 방설(方說)이 있다. 이 말을 조선의 정조(正祖)도 인용한 바 있다. 이것은 주희(朱熹)의 무리가 지어낸 말이다. 정이가 정좌(靜坐)를 주장하니 소식이 슬며시 누우며 "정좌(靜坐)할 때와 누울 때에 도(道)가 어떻게 달라지는가?"라 한 일이 있은 것이다. 이때 정이가 얼굴이 붉어졌다고 한다.

공자의 도는 본래(本來) 적연부동(寂然不動)이 그 체(體)이다. 공부가 성(誠)하여 성(性)에 합(合)하면 동용주선(動容周旋)에 흐트려 지려해도 흐트려 질 수 없는 것이다. 이 경지는 성(性)을 밝혀 모름지기 칠정(七情)의 가림이 없어야 하는 것이다.

경공부(敬工夫)가 지극하여 성(誠)에 이르고, 통연히 성(性)을 밝힌 연후에 지성공부(至誠工夫)에 나아갈 수 있는 것이다. 실로 동파는 정좌(靜坐)를 좋아하여 황주(黃州)에서는 하루의 반 이상 혹은 십이시에 정좌(靜坐)하였고, 삼매(三昧)에 들면 며칠씩 정좌(靜坐)하여 불와(不臥)하였다.

동파자서(東坡自書)에 사년(四年)을 하루같이 간경묵좌(看經默坐)하였다고 한다. 정이(程頤)와 주희(朱熹)가 며칠씩 삼매(三昧)에 들어 정좌(靜坐)하였다는 말은 듣지 못했다.

❑ 제사단(第四端)

동파는 한 때, 고려(高麗)를 야만하고 교활한 오랑캐라 인식하고 있었다. 어릴 때 서당의 도사(道士)에게 배운 지식이다. 1085년 동파 50세에 대각국사(大覺國師) 의천(義天, 문종의 제4자)이 전당(錢塘)의 귀양처로 동파를 찾았는데, 필답(筆答) 후, 동파가,

> "고려(高麗)의 왕자(王子)가 불법(佛法)을 구하러 중국(中國)에 오셨도다. 언변(言辯)이 뛰어나고 또한 높은 안목(眼目)을 갖추었다.[三韓王子西求法 俊辯有高才]"

라 하며 매우 기뻐하였다. 동파가 49세에 개오(開悟)하고 50세 이후에는 임성소요(任性逍遙) 수연방광(隨緣放曠)의 경지에 있었다. 동파가 고려 사람을 만나 그 총명과 선지(禪旨)를 보고 다시 고려의 문풍(文風)과 법도(法道)를 엿본 것이다. 불승(佛僧)만을 좋아한 것이 아니라, 고려에 대한 생각이 바뀌었던 것이다. 동파가 고려에 대한 바른 지식이 없을 때, 약간의 편견을 지녔던 것이다.

❑ 제오단(第五端)

왕안석일파가 소식을 미워하여 죽이려다 실패하고 황주폄적 등 20여년을 귀양살이를 하였어도, 동파는 사람을 미워하며 원망하지 않았다. 오히려 폄적(貶謫)을 통해 간경묵좌(看經默坐)하여 참 공부의 길을 걸을 수 있게 되었음을 감사히 여겼다. 말년의 글과 시에 여러 번 보인다. 또한 폄적 중간에 잠시 귀경한 때에, 은퇴한 왕안석을 찾아가 흔연히 도담(道談)을 나누며, 한 점의 은원(恩怨)도 없음을 보이매, 왕안석이 "저러한 이는 과거에도 없었고, 앞으로도 없을 것이다."라 하였다. 소동파의 인품을 볼 수 있는 자리이다. 주희(朱熹)와 그 추종자[고려 李穡과 鄭道傳, 柳希春 등]의 굽은 말이 어찌 동파의 청한소요(淸閑逍遙)의 무구락(無垢樂)을 흐리게 할 수 있겠는가?

❑ 제육단(第六端)

소식이 선가(禪家)의 설(說)을 적파(的破)하여 말하고, 정이의 예(禮)를 좁게 보았으므로 주희가 소식을 적대하는 것이다. 정이의 어두움에 탄식한 달사에는 정이의 스승, 소강절(邵康節)이 있다. 정호(程顥)와 정이(程頤) 형제는 처음에는 주염계(周濂溪)에게서 글을 읽었고, 나중에 소강절(邵康節)에게 글을 읽었다.

정이가 모습[物]에서 도(道)를 구하므로, 소강절이 늘 빙긋이 웃으며, "그 사람이 그 때를 얻어야 도(道)를 본다."라 하였다. 그런 연유로 정이는 30여년을 가까이하며 소강절에게 배웠으나 스승으로 여기지 않았다. 정이가 소강절을 요부(堯夫)라 칭한 것이 그것이다. 소강절의 절구(絶句)는 한시(閑詩) 태평가(太平歌)가 대표적이다.

소강절이 임종 시에 정이에게 한 말이 유명하다. "그대는 생강(生薑)이 나무 위에서 난다고 하누나.[爾道生薑樹上生]"

소강절이 보기에 정이는 소견이 좁고 그릇이 작아, 도(道)를 논할 만하지 않았던 것이다. 그러나 세상에는 정이와 견해가 같은 사람이 허다하다. 주희(朱熹) 등의 무리가 정이의 설을 믿고 따르는 것이 속사(俗士)들의 사정(事情)이다. 정이의 말이 공자(孔子)의 말씀과 다른데도 말이다. 어느 세월에도 속유(俗儒)는 공자(孔子)의 종지(宗旨)를 배우지 아니하는 것으로써 종지(宗旨)를 삼는 것이다.

소식이 정이의 고루한 형례(形禮)를 마뜩찮게 볼 뿐 아니라, 선가(禪家)의 심설(心說)이 공자의 심설(心說)과 통한다고 하며 계사(繫辭)의 말을 인용하였다.

> "공자께서 寂然不動感而遂通天下之故라 하시고, 다시 原始反終이라 하셨나니."

라 이르니, 정이가 미회(未會)하여 외면한 것이다. 형례(形禮)의 격식(格式)을 숭상(崇尙)하는 자가, 공자의 정위설(情僞說)과 적연부동설(寂然不動說)과 고설(故說)을 어찌 감당하겠는가?

이런 연고로 주희가 소식을 더욱 미워하여 이단(異端)이니 사문난적(斯文亂賊)이니 하였던 것이다. 공자의 심학(心學)은 정위설(情僞說)과 적연부동설(寂然不動說)과 고설(故說)을 종지(宗旨)로 하여 사무사(思無邪)의 일이관지(一以貫之)에 귀납하는 것이다.

주희가 미혹(迷惑)하여 이기(理氣) 등 갖가지 억해(臆解)와 잡론(雜論)을 늘어놓았으나, 그 설은 다만 해맑은 허공에 줄긋기 한 군더더기에 다름 아니다.

심학(心學)은 문자(文字) 밖에 두렷하거늘, 어찌 하나의 공식(公式)으로 묶을 수 있겠는가? 또한 심학이란 모름지기 사람의 심이거늘 어찌 유불(儒佛)의 심(心)이 다른 것이겠는가? 심(心)의 체(體)는 도심(道心)이요, 도심(道心)을 일러 중(中)이라 하고, 중(中)이 곧 성(性)이다. 공자께서 일(一)이라 한 것이 바로 성(性)이다. 일이관지(一以貫之)의 하나[一]란 성(性)이다. 성(性)을 가리켜 설명하는 말이 도(道)이다. 이 밖에 다른 도(道)가 있는 것이 아니다.

뒷날, 정호가 만년에 동림상총(東林常總)에게 가서 무정설(無情說)을 듣고, 약 일 년을 정일(精一)하게 삼매(三昧)에 들더니 개오(開悟)하였다. 개오송의 서두(序頭)가 "閑來無事不從用 / 睡覺

東窓日已紅/"이다. 정이(程頤)가 이를 두고 정호(程顥)를 향하여 사문난적(斯文亂賊)이라 하였다. 소견(所見)이 정념(情念)과 일신(一身)에 머물면 공자의 상어(上語)가 귀에 들어가지 아니한다. 그런고로 공자께서 "중사(中士)이상이라야 가히 도(道)를 듣고 이해할 수 있다."라 하신 것이다.

5. 소동파의 고려관高麗觀

❑ 소동파가 젊은 시절, 항주지주로 부임하여, 고려와의 통교를 반대한다는 소(疏)를 올린다. 그 내용은 국가기밀유출 등이다. 소(疎)의 연유는 국제정세의 오판과 그릇된 고려관이 자리하고 있었다. 고려를 미개한 오랑캐로 보고 요(遼)의 앞잡이가 될 가능성이 있다고 보아, 고려를 송(宋)에 위협적인 존재로 이해했던 것이다.

당시 북송의 지식인들의 뇌리에는 신라(新羅)가 당(唐)의 힘을 빌어 삼국(三國)을 통일한 뒤, 소정방(蘇定方)을 밀참(密斬)하고, 당의 군사를 쫓아냈던 일을 잊지 않고 있었다. 신라를 정신(正信)하기 어려웠으나 멀리할 수도 없었던 기억이 고려로 이어져 있었던 것이다.

또한 과다한 고려사신 접대, 중국지형을 그려가고, 대대적 중국서적구입에 걱정이 있었다. 그리고 고려의 조공(朝貢)을 거란[遼]의 사주라 이해했던 듯하다. 당시 요(遼)의 강성으로 북송(北宋)과 고려(高麗)는 43년간 외교단절(外交斷絶)의 상태였다. 외교단절의 직접적 원인은 고려에 요가 침입함에, 북송에 도움을 요

청했으나 북송이 거절하였던 까닭이 있었던 것이라 하겠다.

❑ 1071년경 송(宋)과 고려(高麗)가 다시 사신이 왕래하게 된다. 북송의 국력약화의 가장 큰 원인은 중앙집권제(中央集權制)에 있다고 하겠다. 송태조(宋太祖) 조광윤(趙匡胤)이 당(唐)의 몰락을 지켜보았던 경험으로 반란을 두려워하여 제후국의 존재를 약화시켰기에, 지방의 군대가 힘이 약해진 것이다.

당(唐)이 멸한 후, 오대십국의 혼란이 53년간 지속되었던 것을 본 조광윤의 결정이 중앙집권제였던 것이다. 이로 인해 북송(北宋)은 문약(文弱)한 정부가 되었다. 동파는 국제정세와 외교 등에는 어두웠던 것이다.

❑ 북송(北宋)의 승상(丞相), 증공(曾鞏)은 "고려는 오랑캐 가운데서는 문장(文章)에 통달(通達)하여 자못 지식이 있으므로 덕(德)으로 품어야지 힘으로 굴복시키기는 어렵다."고 하였다.

❑ 동파는 1085년 50세에 대각국사 의천(義天)을 만난 뒤로 고려관(高麗觀)이 바뀌었다. 동파의 고려관은 소시에 서당도사에게 들은 바이나, 의천(義天)을 만나 그 견해가 바뀐 것이다.

6. 옹방강翁方綱의 동파제東坡祭

❑ 청(淸) 옹방강(翁方綱, 1733~1818)의 배파회(拜坡會)를 동파제(東坡祭)라 칭한다. 옹방강은 동파(東坡)를 중국의 문보(文寶)라 생각하였다. 그런 연유로 옹방강의 서재명(書齋名)이 보소재(寶蘇齋)이다. 옹방강은 문장(文章), 서법(書法), 금석문(金石文)의 대가이다. 옹방강에 의해, 청나라에 동파연구(東坡硏究) 및 숭모(崇慕)의 열기가 피어나 성했다.

❑ 중국의 동파제(東坡祭)는 북경과 상해의 지식인들이 동파 관련 시문(詩文)과 탁본(拓本)을 괘두(罣頭)하고, 시주(詩酒)를 나누며 숭모(崇慕)하여, 1940년대까지 동파제(東坡祭)가 성하게 열렸다.

❑ 선말(鮮末), 옹방강을 만난 24세의 김정희(金正喜)에 의해 소동파존숭의 풍류가 이루어진다. 추사(秋史)는 옹방강과 사제(師弟)의 연을 맺고, 동파상(東坡象)을 임모(臨摸)하여 모시고, 동파제(東坡祭)를 지냈다. 추사의 끝 제자 강위(姜瑋, 1820~1884) 등 한말 사대문장가(四大文章家)도 동파생신회(東坡生辰會)를 열었다. 조선문사 가운데 동파의 선지(禪旨)를 엿본 이는 김정희와 신흠(申欽)이 보인다. 김정희가 견처(見處)를 드러낸 게를 본다.

不作蘭畵二十年　부작난화이십년
偶然寫出性中天　우연사출성중천
閉門覓覓尋尋處　폐문멱멱심심처
此是維摩不二禪　차시유마불이선

난화(蘭花)를 안 그린 지 이십년
우연히 해맑은 성품에서 그려졌네.
문 닫고 찾고 찾던 성중천(性中天)이라
이 천(天)이 곧 유마거사의 불이선(不二禪)일세.

추사는 소동파의 수문인 황정견(黃庭堅)의 시서(詩書)도 좋아하여 산곡(山谷)의 십팔나한송(十八羅漢頌)의 절구 "靜坐處茶半香初 妙用時水流花開"를 음송하며 서예의 걸작을 남겼다. 현재 통도사에서 소장하고 있다.

靜坐處茶半香初　정좌처다반향초
妙用時水流花開　묘용시수류화개

적연(寂然)히 반차(半茶)했는데 향기는 처음과 같으이.
신통묘용이라, 때 따라 물 흐르고 꽃피는 소식이거라.

추사가 황산곡에 의지하여 성천(性天)과 묘용(妙用)을 가리켜 보였다. 추사에게 약간의 선지(禪旨)가 있다고 할 것이다. 추사가 안목이 있어 동파에게 다가간 것이라 하겠다. 동파는 절세고사

(絶世高士)이다.

또한 세상에 널리 알려진 황산곡의 시를 본다.

萬里靑天　만리청천
雲起雨來　운기우래
空山無人　공산무인
水流花開　수류화개

만리 청천에
구름이 일어 비가 내리나니,
빈산에는 사람 없고
물 흐르고 꽃 피누나.

義解

[비인 허공에 / 홀연 몽환(夢幻)의 인과(因果)가 일어나나니 / 인연만사(因緣萬事)에 공성(空性)이 주인이라 / 무연(無緣)타고 수류화개가 펼쳐 있도나.]

– 萬里靑天 雲起雨來 空山無人 水流花開 – 는 황산곡이 스승 소동파의 십팔나한송(十八羅漢頌)의 空山無人 水流花開 구를 빌려서 청의미를 살린 시이다. 황산곡은 또한 靜坐處茶半香初 妙用時水流花開를 토하여 만인의 사랑을 받았다. 소동파의 空山無人 水流花開 – 는 달사(達士)의 진경(眞境)이나 속사(俗士)들은 제각각의 소견대로 풀이한다.

7. 적벽부赤壁賦의 이해理解

❑ 부(賦)란 시(詩)의 한 형식으로써 대구(對句)의 형식으로 각운(脚韻)을 가지는 문체(文體)이다. 시경(詩經)에 시의 내용에 따라 육방(六方)이 있으니, 풍(諷)은 풍자요, 비(比)는 비유요, 송(頌)은 밝힘 혹은 기림이요, 홍(興)은 일깨움이요, 아(雅)는 우아하고 순수함이요, 부(賦)는 철리(哲理)의 대구(對句)로 나타내는 시형식이다.

❑ 고금의 문사(文士)가 적벽부의 호방한 사유와 필치에 부생(浮生)의 허망한 견해가 덧없음을 느끼기도 하고, 우주를 손바닥 위에 올려놓은 듯, 열고 부수고 소요(逍遙)하며 꿰어보는 철리(哲理)에 넋 놓고 바라보는 것이 허다한 감회이다. 적벽부의 근저(根底)에는 반야심경(般若心經)의 요목(要目)이 숨겨져 있는 것이다.

❑ 동파가 황주에 폄적된 뒤, 4년을 하루같이 간경묵좌(看經默坐)하여 선리(禪理)를 통해하였던 것이다. 이즈음 동파는 자심(自心)의 이(理)에 개안(開眼)하였다. 이러구러 동파의 적벽부가 설리시(說理詩)의 효시가 된 것이다.

❑ 적벽부는 도가의 양세창(楊世昌)과 밤배놀이를 하면서, 양세창이 태식(胎息)과 양생술에는 능하나 진심(眞心)을 알지 못함을 보고서 부(賦)로써 일깨운 시이다.

❑ 반야심경(般若心經)의 대요(大要)는 오온개공(五蘊皆空) 제법공상(諸法空相)과 반야(般若)이다. 그 공리(空理)와 반야(般若)를 시로 설명한 것이 적벽부이다.

❑ 소동파가 공리(空理)를 알고 기뻐한 바가 적벽부에 나타난다. 이 속에는 물불천론(物不遷論)과 무정(無情)의 광명(光明)이 보인다.

❑ 적벽부는 개오(開悟) 이년 전의 측지(測知)견해이다. 황주의 공효가 반야(般若)의 이(理)를 꿰어 보았다고 하겠다. 소동파는 48세에 지견(知見)이 열려 적벽부를 읊고 50세에 개오(開悟)하여 동림계성(東林溪聲)과 여산진면목(廬山眞面目), 세한인(歲寒人) 등을 읊는다. 적벽부(赤壁賦)의 요목(要目)을 본다.

前赤壁賦 抽抄

客亦知夫水與月乎	客도 또한 저 강물과 달을 듣는가 ?
逝者如斯	가는 것은 이와 같지만
而未嘗往也	일찍이 가버린 적 없으며,
盈虛者如彼	차고 비는 것이 저와 같지만

而卒莫消長也	마침내 사라지거나 커지는 일이 없다.
蓋將自其變者而觀之	대저 將次 그 變하는 이치로부터 이를 본다면
則天地曾不能以一瞬	곧 天地도 일찍이 한 순간도 그대로 일 수 없고,
自其不變者而觀之	그 변하지 않는 이치로 이를 본다면
則物與我皆無盡也	物과 我가 다함이 없음이라.
而又何羨乎	또 무엇을 부러워하겠는가.
惟江上之淸風	오직 江 위의 맑은 바람과
與山間之明月	山 사이의 밝은 달만은
耳得之而爲聲	귀는 이것을 들어서 소리를 삼고,
目寓之成色	눈은 이것을 만나 빛을 이루나니
取之無禁	이것을 취해도 禁함이 없고
用之不竭	이것을 써도 다함이 없다네.
是造物者之無盡藏也	이는 청정광명의 無盡藏이요,
而吾與子之所共樂	나와 그대가 더불어 즐길 바이다.

* 선(羨) : 부러워하다.

❑ 논어의 서수(逝水)를 불생불멸(不生不滅)의 이(理)라 해(解)하고, 달이 차고 이지러나 그 근원은 부증불감(不曾不減)이라 하며, 천지가 변화하나 실은 변화에 속하지 않음(變而不變)을 밝혔다. 주희는 서수(逝水)를 세월이 덧없이 흘러간다 – 로 푼다. 공(空)이란 정념(情念)을 환(幻)이라 가리키는 말이요. 각(覺)이란

진심(眞心)을 밝혀 회복(回復)함이나, 끝내는 각(覺)을 각(覺)이라 함도 병통(病痛)이 있는 것이다. 진심(眞心)이 곧 성(性)이요, 청정(淸淨)각체(覺體)이기 때문이다. 말의 요해(要解)가 쉽지 않을지나 더 풀어서 이르면 말이 산만해지는 허물이 생기므로 여기서 설명을 그친다. 요묘(要妙)를 감상한다.

- 不生不滅의 理 -

客도 또한 저 강물과 달을 듣는가 ?
가는 것은 이와 같지만
일찍이 가버린 적 없으며,

- 不曾不滅의 理 -

차고 비는 것이 저와 같지만
마침내 사라지거나 커지는 일이 없다.

- 物不遷論의 理 -

대저 장차 그 변하는 이치로부터 이를 본다면
곧 천지도 일찍이 한 순간도 그대로 일 수 없고,
그 변하지 않는 이치로 이를 본다면
물物과 아我가 다함이 없음이라.

- 無情眞如의 淸淨光明 -

또 무엇을 부러워하겠는가.
오직 강江 위의 맑은 바람과
산山 사이의 밝은 달만은
귀는 이것을 들어서 소리聲를 삼고,
눈은 이것을 만나 빛光明을 이루나니

- 無爲의 樂 -

이것을 취해도 금禁함이 없고
이것을 써도 다함이 없다네.
이는 청정광명造物者의 무진장無盡藏이요,
나와 그대가 더불어 즐길 바이다.

적벽부의 동파는 철리(哲理)가 반야(般若)의 이로(理路)를 꿰어본다. 공부가 일신(日新)하여 나아감이 있으매, 그 경지를 읊은 것이다. 동파에게 적벽부가 솔출(率出)한 이전의 공부노정을 본다.

焚香默坐　香을 사르고 묵묵히 坐禪하여
深自省察　스스로를 깊이 省察하였네.
物我相忘　事物과 내가 서로 잊었거니
身心皆空　몸과 마음이 다 비었네.

一念清淨　一念이 清淨하나니
汚染自落　汚染된 認識이 절로 없어지고,
表裏消然　안팎으로 消然하여
無所附麗　能所 짓는 바 없네.

❏ 소동파는 몸과 마음[妄心]이 공(空)하여, 능소(能所)가 소연(消然)하고, 청정일념(淸淨一念)이 성성(惺惺)하다고 한다. 이러히 굳건한 연후에 개오(開悟)하는 것이다. 정념(情念)으로 인생을 꾸리다가 정념 밖에 참나[眞心]가 모습 없이 두렷하여, 시작과 마침에 속하지 아니하며, 과거 현재 미래가 없는 당처에서 함이 없이[無爲] 소요(逍遙)할 수 있음은 다만 정념(情念)이 본래 환(幻)임을 확인한 연후(然後)의 경지(境地)이다.

❏ 적벽부는 천리통해시(天理通解詩)이다. 무루(無漏)의 지혜가 뿌리가 되고, 관조(觀照)가 줄기가 되며, 대약(大約)이 잎이 된 것이라 하겠다.

❏ 소식(蘇軾)을 맹공(猛攻)하는 주희(朱熹)도 선유(船遊)하며 적벽부의 운(韻)을 나누어 시를 지었다. 한편으로 주희(朱熹)가 동파(東坡)의 견처(見處)와 재능(才能)을 존모(尊慕)했는지 알 수 없다.

❏ 소식의 적벽유람화에 서거정(徐居正1420～1488)이 제(題)한 시(詩)를 본다. (三碧抽抄)

玉堂學士東坡仙	翰林學士 東坡神仙,
天敎一謫逍遙遊	하늘이 한번 貶謫하여 無情逍遙 펼쳤네.
先生奇節凌宇宙	先生의 奇節은 宇宙를 넘나들고
先生文章煥星斗	先生의 文章은 北斗七星 같구나.

❑ 조식(曺植)이 말한다. "정이(程頤)가 소자첨(蘇子瞻)을 심하게 공격하였는데, 만약 정이가 지금 살아 있다면 내가 적벽부(赤壁賦)를 정밀(精密)하게 써서 읽어 보이고 싶다. 그리하면 정이가 이 문장(文章)을 인정할 것이다."

❑ 조식(曺植)이 지(止)를 세운 것은 견처(見處)가 열린 이후의 글이요, 성성자(惺惺子)를 달고 다닌 것은 성성(惺惺)의 공부에 나아갔다는 뜻이다. 조식은 간경(看經)과 정좌(靜坐)의 여득으로 지(止)를 세우고, 또한 성성(惺惺)을 겸하였으나 술지(術智)의 선비가 알아보지 못한 것이다. 만약 동파가 있었다면, 술잔을 나누며 방외(方外)를 담소(談笑)하였을 것이다. 조식의 견처(見處)를 엿본다.

原泉賦 抽顧

同不死於谷神	(此道는) 谷神과 같아 死生이 없나니
實氣母之沆瀣	실로 기모(氣母)의 이슬기운과 같도다.
求人事之下行	日常의 屈伸動靜에서 道를 求하는 것이
根天地之上達	천지의 도심(道心)에 합하는 근본이다.

萬理具於性本　만리(萬理)가 성(性)에 갖추어 있어
混潑潑而活活　샘솟고 작용함이 혼재(混在)하누나.
濬不喩於天淵　천(天)과 연(淵)으로 깊은 道理, 比喩 못해
但魚躍之洋洋　연비어약(鳶飛魚躍)의 自由로써 드러냈네.

* 항해(沆瀣) : 이슬기운이 흐르다

남명(南冥) 조식(曺植)의 개오처(開悟處)를 본다.

형통(亨通)을 구하다가
가야할 길을 찾게 되었고,
그 길을 가다가
본지풍광(本地風光)을 볼 수 있었으며
부형(父兄)의 기침소리를 들을 수 있었다.
굶주리다가 먹을 것을 얻고
근심하다가 즐거움을 얻게 되었으니
나의 곤궁(困窮)을
세상의 통달(通達)과 어찌 바꾸겠는가?

❑ 조선의 유자(儒者) 가운데, 도심(道心)이 열리어 득력(得力)한 이에 김시습(金時習), 성수침(成守琛), 성운(成運), 조식(曺植), 신계성(申季誠), 백인걸(白仁傑), 노수신(盧守愼), 이이(李珥), 김대현(金大鉉), 박태평(朴太平) 등이 보인다.

❑ 이행(李荇)과 박은(朴誾)이 동파의 태공풍격(太空風格)에 감흥을 일으켜, 한강 잠두봉 근처를 출발하여 적벽선유(赤壁船遊)를 모연(慕演)하다.

❑ 이황(李滉)이 적벽부(赤壁賦)를 기리며 적벽선유의 시회(詩會)에서 감흥을 읊었다. 대개 문인 이덕홍(李德弘)과 함께하였다. 이황(李滉)이 말한다.

> "동파가 해남도로 귀양 갈 때, 관(棺)을 싣고 갔으니, 그가 속세에 초연하여 구속받지 않는 모습이 이러하였다."

❑ 김성일(金誠一)은 화순 동복의 적벽(赤壁)에서 이황(李滉)의 동파모시(東坡慕詩)를 추억하였다.

❑ 정구(鄭逑)가 말한다. 정구는 조식(曺植)의 문인이다.

> "적벽부(赤壁賦)는 문장의 품격(品格)이 실로 인간(人間)이 지어냈다고 할 수 없을 정도이다."

❑ 이식(李植)은 양강(楊江, 남한강)에서 동파를 숭모하며 칠우(七友)와 모연선유(慕演船遊)하였다.

❑ 박사호((朴思浩)는 임진강에서 시주(詩酒)와 음창(吟唱)으로 동파를 기리며 밤새워 선유(船遊)하였다.

❑ 낙강시회(洛江詩會)는 고려중엽 1196년, 낙동강상류 상주 일대에서, 이규보(李奎報)가 백운낙강범지유(白雲洛江泛之遊)를 처음 행하였다. 낙강범유(洛江泛遊)는 1862년까지 범유시회(泛遊詩會)가 있었다.

❑ 김윤식(金允植)이 제주도 유배 시에 용연(龍淵)에서 범유시회(泛遊詩會)를 열었다. 김윤식(金允植)은 김정희(金正喜)의 문인이다.

❑ 중국 황주(黃州)의 적벽(赤壁)은 지금은 물길이 바뀌어 뭍이 되었다. 황주의 적벽이 곧 동파(東坡)의 적벽(赤壁)이다. 동파는 적벽을 통해 인생의 체(體)를 드러내고, 건곤일월(乾坤日月)도 한때의 꿈이라 읊었다. 동파의 태공풍격(太空風格)이 뒷사람의 풍격(風格)에 파문(波紋)을 일으켰다고 하겠다.

8. 고려문사高麗文士의 숭소崇蘇

❑ 이인로(李仁老, 1152~1220)가 말한다.

"동파(東坡)는 시(詩)의 영웅(英雄)이다."

또 말한다.

"내가 방문을 닫고 소동파(蘇東坡), 황산곡(黃山谷)의 시문집(詩文集)을 읽고 난 뒤라사, 말에 힘이 생기고 운(韻)이 산(山)을 울리는 듯 시작(詩作)의 삼매(三昧)에 들 수 있었다."

❑ 이규보(李奎報, 1168~1241)가 이른다.

"무릇 문집(文集)이 세상에 유행하는 것은 또한 한 때의 숭상(崇尙)하는 바에 따른 것이다. 고금(古今)을 통하여 동파처럼 성행(盛行)하여 사랑을 받은 적은 없었다. 어찌 문장(文章)이 풍부하고 용사(用事)가 해박(該博)하여 그 자양(慈養)이 사람에게 미쳐 두루 다함이 없기 때문이 아니겠는가?"

이규보는 매년 과거 급제방이 나붙을 때마다 "올해 또 30명의 동파(東坡)가 나왔구나."하였다. 이규보가 "나는 고인어(古人語)를 답습(踏襲)하지 않고, 신어(新語)를 창작(創作)했다."라고 했으나, 신어(新語)의 의미가 희미하다. 시(詩)의 본취(本趣)를 논하자면 공자도 술이부작(述而不作)이라 하였거늘, 고신(故新)의 미의(味意)가 아니라면, 동파의 시취(詩趣)를 모방하고 바꾸어 음송(吟誦)하였음에 다름 아니다. 고신(故新)이란 사람의 본래를 회복하여 새롭게 된 것이다. 고로 새로웁다고 하였으나 새로움이 아니며, 다만 본래에 합한 소식이라 하여 두자.

❑ 이색(李穡)은 정주(程朱)에 젖은지라, 더러 동파(東坡)를 공격하면서도 찬한다.

> "동파시(東坡詩)의 고담(高談)은 마치 황하(黃河)를 터뜨린 것처럼 우렁차고 힘이 있다."

❑ 동국에 적벽(赤壁)이 세 곳 보인다. 화순(和順)의 적벽, 임진강(臨津江)의 적벽, 영덕(盈德)의 소적벽(小赤壁)이 그것이다. 실명(失名)한 곳곳의 묵언적벽(默言赤壁)이 허공과 달과 구름을 벗하여 세외(世外)에 청연(淸然)할 것이다.

9. 조선문사朝鮮文士의 숭소崇蘇

조선은 원(元)과 명(明)을 따라 정주학(程朱學)을 국학(國學)으로 정하고, 그 외의 학문은 사문난적(斯文亂賊)으로 보았으므로, 학문과 사유에 한계를 두고 있었다.

중국과는 달리 조선은 학문의 자유가 없었던 것이다. 그런 까닭에 선비가 노장(老莊)과 불서(佛書)를 읽다가도 문 밖에 인기척이 나면, 책을 방석 밑에 감추었다. 방석글이란 말의 연유이다.

그런데 노장(老莊)과 불서(佛書)의 폐해를 주장하는 글의 곳곳에 "내가 읽어보니 -"라는 서두(序頭)가 보인다.

비평자도 금서(禁書)에 대한 얇은 독서가 있었으니, 그 비평은 노불(老佛)을 능가하는 것이라야 할 것이다. 대개의 중하사(中下士)들은 노장(老莊)과 불경(佛經)과 전습록(傳習錄) 등을 읽기만 하면, 비평의 날 세운다. 의심스러운 바는 그들이 노장(老莊)과 불경(佛經)과 전습록(傳習錄)을 읽어 적해(的解)할 능력이 있었느냐는 문제이다. 그들의 견해가 옳다면 그들의 지혜(智慧)와 경지(境地)가, 불(佛)과 황제(黃帝), 노자(老子), 장자(莊子)보다 높다는 것이 아닌가? 가소(可笑)로운 행태라 아니 할 수 없다고 하겠다.

세상에 이름을 떨친 경박(輕薄)한 선비에 이색(李穡)과 유희춘(柳希春)과 박세당(朴世堂)과 정약용(丁若鏞)이 대표적이다. 그 경박(輕薄)은 뒷사람을 놀라게 하는 것이다. 정주학(程朱學)에 경도되었거나, 자고허론(自高虛論)에 취해 몹쓸 벽을 세웠던 것이라 하겠다.

선중(鮮中)에 정재두, 선말(鮮末)에 이르러 신위(申緯), 이건창(李建昌), 이규준(李圭濬) 등에 의해 정주학(程朱學)이 허망하다는 판단을 맞이한다.

그 가운데 드문드문 고사(高士)들이 있어, 공자(孔子)의 정학(正學)이 숨쉬고 있었으며, 그 한 줄기에 동파(東坡)의 학(學)이 은근히 자리매김 했던 것이다. 이도[李祹, 世宗], 서거정(徐居正), 이황(李滉), 이혈[成宗, 李娎], 이연[宣祖, 李昖], 신흠(申欽), 허균(許筠), 이익(李瀷), 이산[正祖, 李祘], 이행(李荇), 정사룡(鄭士龍), 신위(申緯), 박종훈(朴宗薰), 신헌(申櫶), 황현(黃玹) 등의 편언(片言)을 본다.

❑ 세종(世宗1397~1450) 이도(李祹)는 구소수간(歐蘇手簡)을 천독(千讀)하였다. 구소수간은 구양수(歐陽脩)와 소식(蘇軾)이 주고

받은 서간문(書簡文)이다. 소식이 과거에 급제한 후, 구양수와 사제(師弟)의 연을 맺은 후, 주고받은 글이다.

❏ 서거정(徐居正, 1420~1488)의 적벽유람(赤壁遊覽) 추모시가 있다. 서거정은 대문장(大文章)으로 알려져 있으나, 그 내용은 더러 청신(淸新)이 보이나 대개가 술지(術知)에 머문다.

서거정은 한명회(韓明澮)와 교류하며 벼슬살이에 집착하여, 세조에서 성종까지 45년간 조정에 있었다. 대저 서거정의 문체(文體)는 동파의 피부를 얻었다고 하겠다.

서거정이 읊는다.

千載淵明後身　　천년에 도연명(陶淵明) 후신(後身)이요
一生白傳終始　　일생에 백낙천(白樂天)의 시종(始終)일세.
風流赤壁明月　　적벽(赤壁)의 밝은 달에 풍류 즐기고
戱弄黃州山水　　황주의 산수(山水)를 희롱(戱弄)하였네.

동파의 당전세는 사계화상(師戒和尙)이라 하고, 그 전세에는 백낙천(白樂天)과 도연명(陶淵明)의 이름으로, 부세(浮世)에 몸을 드러냈다고 한다. 서거정이 낙문(落聞)한 바 있는 것이다. 뒷날의 청(淸)의 옹방강(翁方綱)이 동파를 지극히 존숭했다. 신위(申緯)와 김정희(金正喜)도 옹방강(翁方綱)을 따랐다.

❏ 이황(李滉1501~1571)이 말한다.

"어찌 소동파(蘇東坡)의 시(詩)가 만당(晩唐)에 미치지 못하는가?"

이황은 소시(蘇詩)를 즐겨 읽었는데, 이황이 즐겨 음송(吟誦)한 소식의 야도해(夜渡海)를 추초(抽艸)하여 본다.

雲山月明誰點綴　운산월명수점철
天容海色本澄淸　천용해색본징청
空餘魯叟乘桴意　공여노수승부의
粗識軒轅奏樂聲　조식헌원주락성

구름 흩어지고 달 밝음은 누가 고쳐 기웠는가?
虛空과 바다 빛은 本來 맑고 맑은 것이라.
孔子가 空然히 뗏목타고 떠나려한 뜻 알겠거니와
黃帝軒轅氏 音樂의 깊은 뜻에 대략 合하겠도다.

❑ 성종(成宗, 1457~1495) 이혈(李娎)은 학자들에게 소문충공집(蘇文忠公集)의 난해처(難解處)를 주해(注解)하라고 하였다. 성종(成宗)이 이른다.

"동파의 문장은 세상 밖을 소요(逍遙)하는 듯하다."

❑ 선조(宣祖, 1552~1608) 이연(李昖)은 동파시(東坡詩)를 즐겨 음송(吟誦)하며 이른다.

"누가 동파(東坡)를 능가(凌駕)하리오."

❑ 신흠(申欽, 1566~1628)이 말한다.

"동파는 호걸의 선비이다.[東坡豪傑之士也]"

또 말한다.

"구양수(歐陽脩)의 문장(文章)은 바르고 소식(蘇軾)의 문장(文章)은 기이(奇異)하며, 구양수(歐陽脩)의 문장(文章)은 근원(根源)을 가리키고 소식(蘇軾)의 문장(文章)은 근원을 지키며 권도(權道)에 자유롭다."

"동파(東坡)의 시(詩)와 문(文), 모두 신품(神品)의 경지(境地)에 들어갔다고 해야 할 것이다. 동파(東坡)를 멀리하는 자들은 우물 안의 개구리가 아니겠는가?"

- 신흠(申欽)이 소식(蘇軾)의 글이 기(奇)라 하는 것은 진심소요(眞心逍遙)를 가리키고, 권(權)이란 정념(情念)에 막힘없이 만물을 희롱(戲弄)함을 이르는 것이다. 신흠(申欽)이 이미 실심(實心)을 증험(證驗)하려 노력하는 바가 깊었으나 미진(未盡)하였는데, 동파집(東坡集)을 읽고 무변허공(無邊虛空)에 한 걸음 나아갔다고 할 것이다.

상촌(象村) 신흠(申欽)이 읊는다.

前身戒和尙	전세에는 師戒和尙이더니
當世蘇東坡	당세에는 蘇東坡구료.
脫落進退間	進退를 잊었나니
浮雲於汝何	浮雲(貴華)이 東坡에게 무슨 소용이랴.
晩參祖師禪	늘그막에 祖師禪을 參究하여
了盡恒沙法	河沙法의 體를 깨쳤네.
是非俱兩空	是와 非가 다 空하나니
歷劫如擲妄	歷劫은 던져버려야 할 妄見.
枉直誰更分	굽고 곧음을 누가 다시 分別하는가?
賢邪竟同料	賢과 邪를 헤아리나 끝내 한 몸 일세.
時命不可謨	死生의 때는 圖謨할 수 없는 것,
寒余爲閑歌	못난 申欽이 先生에게 閑歌를 올린다.

❑ 허균(許筠, 1552～1608)은 구양수와 소식의 산문(散文) 각 68편과 72편을 선(選)하여 구소문략(歐蘇文畧) 8권을 편찬(編纂)하였다. 허균이 말한다.

> "장자(莊子)는 스스로 장자(莊子)이며, 소식(蘇軾) 역시 스스로 소식(蘇軾)이다. 서로 답습(踏襲)하지 아니하고 각자 일가(一家)를 이루었다."
>
> [莊子自爲莊子, 蘇軾亦自蘇軾, 不相踏襲, 各成一家]

- 허균이 어찌 동파의 진면목(眞面目)을 보았겠는가마는, 허균은 글의 대체(大體)를 보는 약간의 안목(眼目)이 있다.

❏ 이익(李瀷, 1681~1763)이 동파의 천취(穿翠)와 여산진면목(廬山眞面目) 두 수를 일러 말한다.

"자득(自得)의 미(味)가 없으면 이러한 시(詩)가 나올 수 없다. 동파(東坡)는 호웅(豪雄)이다."

천취(穿翠)

瀌蒨門前路 / 行穿翠密中 / 却來堂上坐 / 巖谷意無窮 /

여산진면목(廬山眞面目)

橫看成嶺側成峯 / 遠近高低無一同 / 不識廬山眞面目 /
只緣身在此山中 /

❏ 이덕모(李德某, 1741~1793)가 말한다.

"소동파의 시는 기상(氣象)이 드넓고 시상(詩想)을 펼침이 완전하여 두보(杜甫)이후로 단 한사람일 뿐이다. 한때에 황정견(黃庭堅), 조보지(晁補之), 진관(秦觀), 장뢰(張耒), 진사도(陳師道)같은 이들이 시문(詩文)으로 당시 세상에 우뚝 이름 높았던 것은, 모두 소동파가 추켜세워 끌어올린 공에 힘입은 것이었다."

이덕모는 두보의 청시(淸詩)를 좋아하나, 두보의 미회처(未會處)를 보지 못한다. 또한 황정견(黃庭堅)의 자득처(自得處)를 알지 못하는 것이다. 황정견은 소식 뒤에 홀로 세워도 허물되지 않는다.

❑ 정조(正祖, 1752~1800) 이산(李祘)은 소동파의 문장을 "웅휘문(雄輝文)"이라 하였다. 이산(李祘)이 이른다.

> "한유(韓愈)는 독실문(篤實文)이요, 유종원(柳宗元)은 독조문(獨照文)이요, 구양수(歐陽脩)는 유수문(流水文)이요, 소식(蘇軾)은 웅휘문(雄輝文)이요, 왕안석(王安石)은 엄숙문(嚴肅文)이요, 증공(曾鞏)은 근엄문(謹嚴文)이다."

❑ 조선후기 박종훈(朴宗薰)은 순조(純祖)의 명으로 문사저영(文士咀英) 8권을 편찬하였다. 이것은 구소(歐蘇)의 문장이다. 문장은 대개 송문(宋文)을 모방했는데, 구양수(歐陽脩)와 소식(蘇軾)을 높이었다.

❑ 이행(李荇,容齋)이 정사룡(鄭士龍,湖陰)에게 말한다.

> "나는 동파(東坡)의 의격(意格)을 취한 까닭으로 사람들이 나의 소풍(蘇風)을 알지 못하는 것이다."

연수여시(然雖如是)나 이행(李荇)은 동파의 풍기(風肌)를 얻는데 그쳤다.

❑ 권응인(權應仁, ?1527~1592?)이 말한다. 권응인은 조선의 서

얼(庶孼) 문장가 14인 중의 한사람이요, 이황의 문인이다.

> "지금 세상에 시(詩)를 배우는 사람들은 오로지 만당(晩唐)을 숭상(崇尙)하고 동파시(東坡詩)를 버려둔다. 중국에는 동파가 제일이요, 조선은 남명의 시가 격이 높다."

권응인은 시에 철리(哲理)가 없으면 죽은 시라고 하였다. 이에 정사룡(鄭士龍)이 말한다.

> "소동파(蘇東坡)의 시(詩)가 격(格)이 낮아서 그러한 것이 아니라, 배우지 못해서 그러한 것이다."

❑ 신위(申緯, 1769~1845)는 김정희(金正喜)의 소개로 연경(燕京)에 가서 옹방강(翁方綱)과 그 아들 옹수곤(翁樹崑)에게 배운다. 신위(申緯)의 학풍은 강위(姜瑋), 황현(黃玹), 이건창(李建昌), 이건승(李建昇)으로 이어진다.

신위는 거처를 소재(蘇齋)라 하여 숭소(崇蘇)의 의(意)를 드러낸 인물이다. 옹수곤(翁樹崑)이 견처가 있어, 그의 소인(所印)에 "반생치처시다정(半生痴處是多情)"이라 했다. 뜻은 '반평생을 어리석음에 거처 했나니, 칠정(七情)에 속은 까닭이라'이다. 이에 신위가 느낀 바가 컸다. 신위는 동파(東坡)보다 두보(杜甫)를 높이 보아 읊는다.

迦葉拈花一笑新　**가섭의 염화미소로 눈이 새롭게 되고**

由蘇入杜是知津　**東坡**를 통해 **杜甫**에 드는 나루를 아누나.

- 신위(申緯)가 박식(博識)하고 선리(禪理)에 약간의 견해가 있으나, 도심(道心)에 밝지 못한 고로, 동파의 견처(見處)와 경지(境地)를 알지 못한다. 그러하기에 두보(杜甫)를 높히고 동파(東坡)를 낮추는 것이다. 두보(杜甫)는 늘그막에야 무정설(無情說)을 통해(通解)하여, 적공견해(寂空見解)을 내려놓고 선정(禪定)을 좋아했으나, 끝내 자성(自性)을 밝히지 못했다. 두보와 동파를 비교하는가? 두보가 호롱불[弧燈]이라면 동파는 명월(明月)이다.

❑ 신헌(申櫶, 1810~1884)은 젊어서 스스로 소식(蘇軾)을 존모(尊慕)하더니, 늙어서는 적벽부(赤壁賦)를 벽에 걸고 7월 16일 시를 지었다. 추사 김정희의 학소(學蘇)를 보고 느낀 바가 더한 것이다. 호(號)를 서파(西坡)라 함도 동파(東坡)를 존모하여 마주한다는 의미이다.

❑ 황현(黃玹1855~1910)이 읊는다. (峙抄)

東坡學士神仙姿　동파학사신선자
氣橫素秋萬人往　기횡소추만인왕
寄笑後來諸妄人　기소후래제망인
抽肝擢腎期相仿　추간탁신기상방
先生却在文字外　선생각재문자외
古風峻節又何仰　고풍준절우하앙

동파학사는 신선(神仙)의 자품이거니
청기(淸氣)가 추공(秋空)에 두루하여 만인이 오가네.
우습도다! 뒷날의 망령된 사람들,
간신(肝腎)을 뽑아내고 모습만 본뜨누나.
선생은 세상을 쉬어 문자(文字) 밖에 있나니.
고풍(古風)의 준절(峻節)을 어찌하면 받들 것가?

10. 조선문사朝鮮文士의 폄소貶蘇

❑ 유희춘(柳希春, 眉巖, 1513~1577)이 말한다.

"소식(蘇軾)은 도덕(道德)을 말할 때에는 대본(大本)을 어지럽히고, 사실을 논할 때에는 권모(權謀)를 숭상하며, 통달(通達)을 귀하게 여기서 법도(法道)를 천(淺)하게 여기고, 부화(浮華)를 자랑하면서 본실(本實)을 잊으므로 전혀 예법(禮法)과 염치(廉恥)를 몰랐다."

– 유희춘이 독설(毒舌)을 하는 출처(出處)는, 아마도 주희(朱熹)가 독(毒)을 품고 폄훼(貶毀)하는 말에 자기의 편견(偏見)을 보태서 억설(臆說)한 듯하다. 유희춘은 문장에 힘쓴 바 있으나 벽견병사(僻見病士)에 불과하다.

❑ 최립(崔岦, 1539~1612)은 십가(十家)의 근체시집(近體詩集)을 만들 때, 이상은(李商隱)과 소식(蘇軾)을 제외 했다.

❑ 이수광(李睟光, 1563~1629)이 말한다.

"당인(唐人)이 작시(作詩)할 때, 오로지 의흥(義興)을 주로 하는 까닭에 용사(用事)가 많지 않다. 송인(宋人)의 작시(作詩)에 용사(用事)를 숭상하여 의흥(義興)이 적다. 소동파(蘇東坡)와 황산곡(黃山谷)에 이르러서는 불가(佛家)의 용어(用語)를 많이 사용하고 그 도(道)에 힘썼다. 시격(詩格)에 어떠한지는 알지 못하겠다. 근세에 이런 폐단(弊端)이 더욱 심하여 시(詩) 한편 가운데 용사(用事)가 반(半)을 넘으니 옛사람의 글귀를 표절(剽竊)한 것과 별로 차이가 없다."

- 이수광의 안목은 시(詩)의 피부만을 본다. 시격(詩格)의 풍요(豐饒)와 간이(簡易)와 직지(直指)를 알지 못한다. 이수광(李睟光)의 의견은, 의흥(義興)과 용사(用事)가 적절히 어울리고, 시(詩)에 철리(哲理)가 배이면 시격(詩格)이 바르게 될 것이란 의미이나, 그는 불노(佛老)의 정수(精髓)에 대해서는 그림자도 보지 못했다.

- 조식(曺植, 1501~1571)은 "불가(佛家)와 유가(儒家)의 천리(天理)는 다르지 않다."고 하였으며, 스스로 호(號)를 남명(南冥)이라 하고, 노장(老莊)에서 취(取)한 바가 많았다.

남명(南冥)이란 "무심어세(無心御世) 무위이화(無爲而化)"의 경지를 가리키는 말이다. 장자(莊子)에 나타난 남명(南冥)의 경지는, 대현(大賢)이라야 무심(無心)에 계합하여 남명(南冥)의 문턱에 서고, 아성(亞聖)이라야 무심어세(無心御世)하며, 성경(性境)에 순숙(純熟)해야 무위이화(無爲而化)로써 소요(逍遙)할 수 있다는 것이다. 장자의 대요(大要)는 "무심어세(無心御世) 무위이화(無爲而化)" 여덟 자에 있는 것이다.

– 이황(李滉)의 아류(亞流)가 소동파의 시에 허물 잡았으나, 삼가(三家)를 아우르는 호방(豪放)한 기상(氣象)이 없는 자가 어찌 성인(聖人)의 도문(道門)에 나아가며, 필경에 체득(體得)할 수 있으며, 소동파의 시를 보는 안목이 있겠는가.

이러기에 후래(後來)의 명안상유(明眼上儒)가 이르기를, 조선에 청송(聽松)과 휴암(休庵)과 남명(南冥)과 송계(松溪)와 율곡(栗谷)과 상촌(象村)을 제하고는, 모두가 벽촌(僻村)의 상수리 아래, 쪼구리고 있는 것 같다고 한 것이다.

❑ 허균(許筠, 1563~1618)이 말한다.

"본조(本朝)의 시학(詩學)은 소식(蘇軾)과 황정견(黃庭堅)을 위주로 한다. 비록 정주(程朱)를 숭상하는 대유(大儒)들도 역시 그 테두리를 벗어나지 못한다. 그 나머지 유자(儒者)들은 대개 찌꺼기를 빨아 풍속(風俗)을 해치는 말을 만들 뿐이니, 읽으면 염증(厭症)이 난다. 성당(盛唐)의 소리는 다 없어져 들을 수가 없다."

– 허균은 총명하나 거친 이상주의자(理想主義者)이며 자대증(自大症)을 앓던 허풍객(虛風客)일 뿐이다. 허균은 공자(孔子)의 도심(道心)을 알지 못한다. 만약 허균의 기상으로 도심(道心)을 측

해(測解)라도 했더라면, 정주(程朱)의 허물을 대략이라도 보아서 학문의 정사(正邪)를 논했을 것이다. 그리하여 조선의 학풍(學風)에 일기(一氣)의 청신(淸新)을 주장했을 것이다.

❑ 정조(正祖, 1572~1800) 이산(李祘)이 동파의 용사해박(用事該博)에 대해, 조선의 여러 문사(文士)들이 흠을 잡으니, 이산(李祘)이 이른다.

"그것은 저절로 흘러나온 것이라, 허물이 아니다. 그 풍모(風貌)가 높아 그러한 것이다."

❑ 정조(正祖) 이산(李祘)이 또 말한다.

"소식(蘇軾)은 기상(氣象)이 홍활(洪闊)하고 서술(敍述)이 다채로우며 두보(杜甫)의 법도를 체득했다. 그러나 전고(典故)의 인용(引用)이 너무 많아 지나치게 화려(華麗)해지는 잘못을 면치 못했으나, 이는 넘치는 소식(蘇軾)의 탁재(卓才)와 학식(學識) 때문이다."

❑ 이승연(李承淵, 1720~1806)이 말한다.

"문장(文章)은 역시 하나의 소기(小技)이다. 비록 동파옹(東坡翁)의 걸출한 구절(句節)이 천고(千古)에 빛난다하더라도, 통달(通達)한 사람이 본다면, 새소리가 귀를 스치고 풀잎과 꽃이 눈을 기쁘게 하는 것과 무엇이 다르랴!"

- 문장을 소기(小技)라 함은 동파의 말이요, 풀잎과 꽃이 눈을 기쁘게 하는데 이르러는 -, 이것은 동파의 문론(文論)이다. 이승연(李承淵)이 청신(淸新)을 말했으나, 미루어 보건대 홍자성의 채근담(菜根譚)에서 홍취를 가져온 것으로 보인다. 그 실(實)에 있어 어떠한지 알 수 없다.

시작(詩作)에 자득(自得)의 묘절(妙絶)이 없으면, 그 작태는 뒷세상이 다 알게 되는 것이다. 동파는 50세 이후, 정념(情念)을 지우고 도심(道心)이 현전(現前)하여 시를 읊었는데, 문자에 얽매인 속사(俗士)는 어떠할 것가?

❑ 정약용(丁若鏞, 1762～1836)이 말한다.

> "한유(韓愈), 유종원(柳宗元), 구양수(歐陽脩), 소식(蘇軾)의 서문(序文), 기문(記文)의 글이 화려(華麗)하나 알맹이가 없고, 기이(奇異)하나 바르지 않다."

- 정약용(丁若鏞)은 세의분판(世義分判)과 위민실용(爲民實用)과 서정무락(敍情無落)의 총명세재(聰明世才)이다. 실용학(實用學)에 안목이 높아 배다리와 기중기(起重機)를 설계하였고, 사람에 계급이 없음을 투철히 보고 민본사상(民本思想)으로 사회정의를 실천하고자 했던 인물이다.

그러나 형기(形氣)를 숭상하고 조물론(造物論)에 거처하는지라, 도심(道心)에 어두웠다. 그런 연유로 달사(達士)와 고도(古道)를 일러 평함에는 다소의 경박(輕薄)을 보인다.

– 정약용은 의(義)와 민본(民本)을 세우며, 후생(厚生)과 실용학(實用學)에 거처하는 사상가(思想家)요 수필가(隨筆家)라 할 것이다. 그러나 정약용은 상사(上士)의 도심(道心)을 알지 못하는 허물이 있는 것이다. 허물의 소이연(所以然)은 그가 유물론자(唯物論者)요, 유신론자(唯神論者)인 까닭이라 하겠다. 그의 맹자설과 대학설은 형기망언(形氣妄言)에 불과하다. 도학(道學)의 문턱에서 돌아보면, 정약용은 유종원(柳宗元), 구양수(歐陽脩), 소식(蘇軾)에 대해 논평할 처지가 아닌 것이다.

– 정약용(丁若鏞)이 또 말한다.

> "노자(老子)와 불가(佛家)의 요점은 자신(自身)을 억제하여 사욕(邪慾)을 끊음으로써 선(善)을 행하고 악(惡)을 버리는 것이다."

– 이것이 무슨 말인가? 노불(老佛)의 종의(宗義)는 자성(自性)을 회복하는데 있고, 무욕(無欲)을 추구하는 것이 아니라 무욕(無欲)에 섬으로써 자성(自性)의 묘용(妙用)에 다가가고, 필경에 무가무불가(無可無不可)의 경지에 이르는 것이다. 사악행선(捨惡行善)은 하사(下士)의 노력처요, 상사(上士)는 도심(道心)의 무선무악(無善無惡)을 체득하여 선악(善惡)에 물들지 아니하며 선악(善惡)을 나투는 것이다.

– 정약용은 도심(道心)에는 안목(眼目)이 있지 아니하다. 중용(中庸)의 "우이호자용(愚而好自用) 천이호자전(賤而好自專)"이 정약용류의 인물을 가리키는 말이다. 정약용이 경서(經書)를 변주(辯注)했는데, 그 견해는 두항(杜肛)의 두찬(杜撰)보다 못하다.

11. 선말사문가鮮末四文家의 배파회拜坡會

❑ 소동파를 고려의 학문(學文)과 문장(文章)의 전범(典範)으로 삼게 되는 숨은 힘은, 고려의 반불반유(半佛半儒)의 문풍(文風)이라 하겠다. 고려는 조선의 문풍(文風)과 달리 학문(學文)과 사상(思想)의 자유(自由)가 있었던 것이다. 조선은 말(末)에 이르러 신흠(申欽)과 김정희(金正喜)와 신위(申緯)에 이르러 존소(尊蘇)의 방외풍(方外風)이 베풀어진 것이다.

❑ 조선 말기에, 신위(申緯, 1769~1847), 강위(姜瑋, 1820~1884), 김택영(金澤榮, 1850~1927), 이건창(李建昌, 1852~1898) 등 사대문장가(四大文章家)는 소동파와 황정견을 존숭(尊崇)하였다. 황정견(黃庭堅)은 소동파의 수문인(首門人)이며, 황룡조심(黃龍祖心)이 선지(禪旨)를 허여(許與)한 달사(達士)이다.

❑ 선 말의 사대문장가(四大文章家)가 소동파 생일기념시회인 배파회(拜坡會)를 발기하였다. 매년 음력 12월 19일 문사들이 모여 미주소음(美酒小飮)하며 시(詩)를 읊었다. 배파회는 1945년까지 지속되었다. 소론(小論)의 영수 정만조(鄭萬朝)의 집에서 매년 동파의 생일이 되면 20여명의 문사가 모여 시를 짓고 동

파를 기렸는데, 이를 노론(老論)은 못마땅하게 여겨 힐평(詰評)하였다.

❑ 1945년 서초원이 주장(主丈)이 되어 배파회를 베푼 후, 거듭되지 못했다. 사문가(四文家) 등은 대개 강화학파(江華學派)로써 이기설(理氣說)을 망설(妄說)이라 하여 멀리하고, 양명(陽明)을 따르며 선학(禪學)을 싫어하지 않았다. 그 공부설의 내용은 심체(心體)의 무선무악(無善無惡)을 본(本)하여, 무염양지론(無染良知論)에 주(住)하며, 실심반조(實心返照)에 힘쓰는 학파이다. 그러나 소동파의 개오처(開悟處)와 초연소요(超然逍遙)에 대해 말하는 자는 보이지 않는다.

❑ 신위, 강위, 김택영, 이건창 등이 문장에 재능을 보이나, 견처(見處)가 본연(本然)에 미혹(迷惑)하였다. 그런 까닭에 동파의 무정소요(無情逍遙)의 뿌리를 보지 못한 것이다. 대저 동파 시문(詩文)의 풍격(風格)과 무애언어(無碍言語)와 웅대사유(雄大思惟)의 자유로움을 살폈기에, 동파의 숭모(崇慕)에 그쳤다고 하겠다.

12. 숭소낙강회 崇蘇洛江會

❑ 낙강회(洛江會)에 둘이 있다. 하나는 상주(尙州)의 숭소낙강회(崇蘇洛江會)이니, 고려 중기에 백운(白雲) 이규보(李奎報)가 창발(創發)한 적벽선유(赤壁船遊)이다.

다른 하나는, 창녕, 밀양, 김해로 이어진 낙동강 하류에서 행한 선유시회(船遊詩會)로써 낙범선유(洛泛船遊)라 한다. 상주(尙州)의 순수숭소(純粹崇蘇)와는 달리 사소낙강시회(思蘇洛江詩會)라 할 것이다. 이는 정주(程朱)에 기반한 학통의 그늘 때문이다. 속내는 존소(尊蘇)이나, 겉은 반소반주(半蘇半朱)를 의 옷을 입은 것이다.

❑ 사소낙강시회(思蘇洛江詩會)는 선말(1868년경) 허전(許傳)이 상주의 적벽선유를 의사(意寫)하여, 그 문인들과 삼랑진의 낙강에서 시회(詩會)를 베푼 것이 시작이다.

그 뒤로 몇 해마다 열리는 유림의 상사가 되었다. 허전이 시유(始遊)하였으므로 낙강선유(洛江船遊)가 허물이 되지 않았다. 허전 이후, 노산(蘆山)의 노소눌(盧小訥)이 주도하여 1926년까지 시회(詩會)가 열렸다. 이후1950년대 창녕의 노근용(盧根容,誠菴)

이 주도하여 수회의 낙강선유(洛江船遊)가 있었다. 1956년 이후로, 동파(東坡)와 선유(船遊)가 함께 잊혀졌다고 하겠다.

13 동파시東坡詩 절간竊看

소식(蘇軾)은 당송문사(唐宋文士) 가운데 으뜸이다. 어찌 당송(唐宋)에 그치랴. 후세에도 소동파(蘇東坡)를 능가하는 문사(文士)를 볼 수가 없다. 어찌하여 그러한가.

소동파는 천품(天稟)이 소박(素樸)하더니, 45세에 폄적되어 간경묵좌하여 49세에 개오(開悟)하였다. 무심문(無心門)을 열고는 천지만물(天地萬物)을 자신의 몸으로 여기고, 오직 무심(無心)에 거처하였다.

동파는 50세에 장자(莊子)와 하나가 되어, 무하유(無何有)를 읊는다. 동파는 숙세(宿世)에 달인(達人)이어서 젊은 날, 애쓰지 않고도 무심(無心)의 의취가 흉중에 그윽하였던 것이다.

전등록(傳燈錄)에 의하면, 동파는 당전세(當前世)에 지견(知見) 밝은 선승(禪僧)이었다. 적영(跡影)은 사계선사(師戒禪師)라 한다. 동림(東林), 불인(佛印), 진정(眞淨) 등의 대종사(大宗師)가 흔연히 소동파를 계화상(戒和尙)이라 불렀던 것이다.

동파의 시(詩)는 세속(世俗)의 벗과 시세(時世)에 거처하면서도 탈속(脫俗)하여 방외(方外)의 격(格)을 나툰다. 그런 까닭에 뒷사람들이 다투어 배우고 흉내 내며 기리고 연구(研究)하나, 묘의(妙意)를 터득하지 못하는 것은 동파의 무심경지(無心境地)을 알지 못하기 때문이다.

동파는 유배살이 20년 동안 선사(禪師)를 참례(參禮)하여 참다이 무심(無心)을 배워서 무심(無心)에 나아갔다. 49세에 황주를 떠나 여주로 가다가, 동림선사(東林禪師)를 뵙고, 아침에 산사(山寺)를 나서서, 여산호계(廬山虎溪)의 폭포소리를 듣자마자 개오(開悟)하였다.

溪聲便是廣長說	溪聲은 佛의 항상한 說法이요.
山色豈非清淨身	산빛이 어찌 清淨覺明의 法身이 아니랴.
夜來八萬四千偈	迷할 제, 八萬四千偈頌을 두나니
他日如何擧似人	뒷날의 學人에게 어떻게 보여 줄것가.

개오이후, 66세에 세상을 떠날 때까지 십칠 년 간 임성소요(任性逍遙)의 공부에 나아가 거닐었다. 일설에 만년의 경지가 화엄팔지에 이르렀다고 한다. 시(詩)의 기교가 소동파를 지나더라도 선악과 사생(死生)의 밖을 보지 못하면 속시(俗詩)에 머물고 마는 것을 어찌하랴.

대저 소동파의 시는 47세 이전에는 속정(俗情)이 반이다. 그 이후에도 약간의 속정(俗情)이 묻어 번거로움이 없지 않으나 사람들은 그 조차도 흠모한다. 아마도 읽는 이의 칠정에 부합 하는 바가 있어서 그럴 것이다. 50세 이후의 동파시는 설리시(說理詩)를 보이며 간명직절(簡明直節)하여 군말이 거의 없다.

소동파는 문장(文章)은 소기(小技)라 하고 도(道)에 밝아야 문(文)이 따른다고 하였다. 도(道)에 어두운 문(文)은 잡문(雜文)일 뿐이다. 동파(東坡)의 진면목(眞面目)을 보려면, 자기의 심성(心性)에서, 동파의 해맑은 미소(微笑)를 보아야 참으로 동파(東坡)를 만난 것이라 하겠다.

동파시(東坡詩) 가운데, 일상(日常)에서 무심(無心)을 드러낸 곳이 현묘(玄妙)하다. 50세 이후의 동파는 태공선객(太空禪客)이다. 동파를 알고자 하는가? 선지(禪旨)를 밝히면 동파(東坡)가 목전(目前)에 나타나리라.

14. 동파외적 東坡外跡

동파의 인생행로에 기봉(奇逢)과 봉취(逢翠)가 보인다.

부(父) 소순(蘇洵), 제(弟) 소철(蘇轍), 왕팽거사(王彭居士), 구양수(歐陽脩), 범중엄(范仲淹), 사마광(司馬光), 왕선(王詵), 장방평(張方平), 동림상총(東林常總), 진정극문(眞淨克文), 양세창(楊世昌), 이상(李常), 유림(維琳), 참요(參寥), 전세웅, 황정견(黃庭堅), 진관(秦觀), 조보지(晁甫之), 장뢰(張耒), 이치(李庇), 진사도(陳師道), 조운(朝雲), 신종(神宗), 철종(哲宗), 고태후(高太后), 문동(文同), 이용면(李龍眠) 등이다.

그 중에서 소철, 왕팽거사, 구양수, 장방평, 동림상총, 전세웅, 이상, 황정견, 신종(神宗)이 특연(特緣)이라 하겠다. 동파외적(東坡外跡)을 살펴본다.

1) 장방평(張方平)

호주태수 장방평이 유배중인 동파에게 주사고(朱砂膏)를 보내며, 원색(遠色)하라고 하였다. 장방평은 과묵하고 따뜻한 사람이며 동파의 선배이다. 그는 보거나 듣지 않고서도 아는 혜안(慧眼)이 있었다. 백 년 전의 일도 눈앞에 보듯이 말할 때가 있었다. 물론 절친한 벗과 함께 거닐 때에 드물게 보인 것이다. 장방평은 동파의 전세도반이라 한다. 장방평이 동파의 도기(道機)에 허물이 생길까 염려하여 원색(遠色)하라고 한 것이다. 장방평은 전세에 선사(禪師)라 한다.

2) 소문육학사(蘇門六學士)

소동파 문하의 사학사(四學士) 또는 육학사(六學士)는 걸출한 인물들이다.

❏ 소문사학사(蘇門四學士, 1086~1136 경)

황정견(黃庭堅), 장뢰(張耒), 조보지(晁甫之), 진관(秦觀)은 동파와 함께 활동한 15년간 송(宋)의 학(學)과 문장(文章)을 높혔다. 황정견은 이상(李常)의 생질(甥姪)이며 손각(孫覺)의 서(壻)이다. 장뢰(張耒)는 회양(淮陽)에서 동파와 만났다. 조보지(晁甫之)는 항주(杭州) 근처에서 만났다. 진관(秦觀)은 이상(李常)의 소개로 만났다.

진관(秦觀)이 읊는다.

我獨不願萬戶侯　太守되어 만여호를 다스리는 것보다

惟願一戱蘇徐州　동파와 徐州에서 一戱하는 것이 값지다

❑ 소문육학사 蘇門六學士

황정견(黃庭堅), 장뢰(張耒), 조보지(晁補之), 진관(秦觀)에 이치(李廌)와 진사도(陳師道)를 더한다.

3) 문장론(文章論)

동파가 중사(中士), 사민사(謝民師)를 위해 말한다.

"문장(文章)이란 순금(純金)과 미옥(美玉)과 같은 것이다."

동파가 상사(上士)를 위해 말한다.

"문장(文章)은 소기(小技)이다."

4) 금조(琴操)

1187년경, 동파가 기생(妓生) 금조(琴操)의 재능(才能)과 풍격(風格)을 보고서 금조의 남편을 일깨워, 기적(妓籍)을 지우고 여승(女僧)이 되게 하였다. 금조는 전세(前世)에 불가(佛家)의 강백(講伯)이라 한다.

5). 임어당(林語堂, 1895~1976)

근세의 임어당(林語堂)이 평한다.

"소식(蘇軾)은 천재성(天才性)과 천진동심(天眞童心)의 소박 시인(素朴詩人)이다."

6) 육유(陸游, 1125~1210)

육유(陸游)는 약 50년 동안 만여 편이 시를 지었다. 시광(詩狂)이라 할 것이다. 검남시고(劍南詩稾)가 있다. 중국 최초의 인쇄된 정기적 신문, 북송(北宋)의 관보(官報)에 동파(東坡)의 글이 자주 실렸다. 동파(東坡)가 어사대(御史臺)에서 심문(審問) 받은 내용을 동파가 세상을 떠난 지 70년 후, 시인 육유(陸游)가 관보에 기록을 초하여 전한다.

7) 신종(神宗, 1048~1085)과 황정견(黃庭堅, 1045~1085)

1179년, 동파가 조대에 투옥되고 조정에서 그 죄를 논의 했다. 이정(李正)과 왕규(王珪)가 왕안석(王安石)의 뜻에 합하여 처형하자고 하였다. 그 때, 사마광, 범중엄, 왕선, 장방평, 소철 등 20여 조정대신과 구관(舊官)이 반대 변론을 하며 상소를 올렸다.

이때, 신종(神宗)은 동파의 인품을 좋아했으며, 문장(文章)에 천기(天機)의 정리(正理)와 온고(溫故)가 있음을 간파한지라, 동파를 사형에 처할 뜻이 없었다. 이때는 장돈(張惇)도 동파를 변론했다. 젊은 시절, 장돈(張惇)은 동파와 알고 지내며 동파의 재능을 사모했던 까닭이다. 그러나 장돈은 15년 후, 동파를 음해하여 늘그막에 혜주(惠州)로 귀양 보내 죽이려 하였다.

황정견(黃庭堅)이 읊었다.

도연명은 천년의 시인이요
소동파는 백대의 호걸일세.
재상 張惇이 동파를 죽이려하는구나.
그러나 하늘이 어찌 그를 아끼지 않으랴!

8) 정호(程顥, 1032~1085)와 장상영(張商英, 1043~1122)

1179년 동파가 조대에 투옥되어 죽음이 예견되었을 때, 정호(程顥)와 장상영(張商英)이 묵퇴(默退)하였다. 그 근저를 살펴본다. 정이는 성격이 누고(陋固)하여 동파를 원오(怨惡)했으나, 정호(程顥)는 주돈이(周敦頤)와 소옹(邵雍)의 견처를 높이 보았으며, 인품이 담담청명(淡淡淸明)하여 선(禪)을 좋아하였다. 정호(程顥)는 편벽되게 고집하거나 치우쳐 변설함을 싫어하였다.

48세의 정호는 2년 전 소강절(邵康節, 1011~1077)이 세상을 떠난 이후로, 더욱 적극적으로 당대의 대선사(大禪師)를 두루 방문하여 도(道)를 구함에 힘썼다. 이때가 1180년이다.

5년 뒤(1085) 정호는 기세(棄世)한다. 정호는 1084년 동림선사를 만나 상지(上指)를 입고 개오(開悟)한다. 죽기 일 년 전에 개오(開悟)한 것이다. 정호의 호(號)는 명도(明道)이다.

1179년 동파가 폄적될 당시, 36세의 장상영(張商英)은 아내의 질문에 느낀 바 있어, 유마경(維摩經)을 공부하며, 한편으로 조정에서 왕안석(王安石)의 세법(稅法)을 다듬었다. 국정의 경력을 쌓으며 내일을 도모한 것이다. 그러나 동파의 투옥과 폄적을 지켜보다가 지방근무를 자청하여 떠난다.

장상영이 왕안석의 세법에 동조한 일이 있고, 동파를 귀양 보내는데 일조를 한 것이 자명하기에, 부끄러움을 지니고 조용히 공부에 열중했던 것이다. 뒷날 장상영은 동림(東林)과 도솔(兜率)의 허여(許與)를 득하고, 원오(圓悟)와 벗하였다. 젊은 대혜(大慧)를 시험하여 조당집(祖堂集)에 이름이 올랐다. 장상영은 노경(老境)에 공부가 깊어져 뭇사람의 존숭을 받았다. 호는 무진(無盡)이다

9) 출옥음주(出獄飮酒)

황주폄적(黃州貶謫)에 처해지며, 감옥(監獄)에서 나온 동파(東坡)가 술을 마신 뒤 읊는다

顚狂不用喚　미친 듯한 나를 굳이 흔들어 깨울 것 없네.
酒盡漸須醒　술기운이 다하면 절로 깨어날 걸세.

10) 한림학사(翰林學士)

신종(神宗)은 유언(遺言)으로 "때가 되면 동파를 한림학사(翰林學士)에 모시라."고 모친 고태후(高太后)에게 말하였다. 신종의 음덕(陰德)으로 동파는 폄적(貶謫)에서 돌아온 지 8개월 만에 한림학사(翰林學士)에 오른다.

11) 서대수(徐大受)와 주수창(朱秀昌)

1080년, 동파가 황주(黃州)에 폄적(貶謫)되어 정혜원(定惠院)에 머물고 있었는데, 황주의 서대수(徐大受)와 무창(茂昌)의 주태수(朱秀昌)가, 양자강(揚子江)을 건너, 동파를 극진히 대접했다. 황주(黃州) 폄적 시에 수많은 문사(文士)와 도사(道師)와 시승(詩僧)과 평인(平人)이 찾아와 교류하였다.

12) 범진(范鎭)과 불법(佛法)

동파의 선배, 범진(范鎭)이 죽은 후, 그에 대해 동파가 말했다.

"경인(景仁, 范鎭의 字)은 불법(佛法)을 달가워하지 않았으며, 그의 생활은 집착(執着)이 없고, 소박(素朴)하며 청정(清淨)하였다. 그는 불법(佛法)을 반대 했지만, 그 행(行)은 불법(佛法)을 따른 것이었다. 그 자신이 몰랐을 뿐, 그는 불교도(佛教徒)였던 것이다. 이런 사람은 불상(佛像)을 부수고, 불승(佛僧)을 모욕한다 해도 극락(極樂)에 갈 것이다."

13) 문인(門人) 진관(秦觀)

동파의 누이동생이 동파의 문인 진관(秦觀)에게 시집갔다는 설이 있다. 그러나 진관은 29세에 혼인했으며 동파와 만났을 때는 40세가 넘었다. 유설(流說)일 것이다. 진관(秦觀)이 40이 넘어 동파와 사제관계(師弟關係)를 맺음은, 동파의 도안(道眼)과 세상 밖에 노니는 탁견(卓見)과 문장(文章)을 존숭(尊崇)하였기 때문이다.

14) 절검(節儉)과 자비심(慈悲心)

1188년, 동파가 포종맹(蒲宗孟)에게 "잘사는 방법은 첫째는 절검(節儉)이요, 둘째는 자비심(慈悲心)이다."라고 말하였다. 포종맹은 부유(富裕)하며 향락(享樂)적이고 기울어진 인물이라, 말이 여기에 그친 것이다.

15) 왕안석론(王安石論)

왕안석(王安石, 1021~1086)이 독단(獨斷)으로 국정을 어지럽히고, 동파를 미워하여 죽이려 하였으나, 그 문장(文章)은 착실한 데가 있어, 당송팔대가(唐宋八大家)에 이름을 올렸다. 왕안석을 약간(略看)한다.

- 왕안석은 문장에 있어 당송팔대가에 든다. 그러나 그 졸렬(拙劣)한 소견과 독단(獨斷)으로 조정과 문사(文士)들을 곤경에 빠뜨린 잘못이 크다.

❏ 왕안석은 괴팍(乖愎)하나 독서광(讀書狂)이며 이상주의자(理想主義者)라 하겠다. 그는 더러운 옷에 머리와 수염을 다듬지 않았으며, 한 벌 도포를 갈아입은 적이 없다고 한다. 외모(外貌)는 아예 관심이 없는 것이다. 음식(飮食)은 가리지 않았고 바로 앞에 있는 것만 먹었다.

❏ 왕안석은 늘 밤을 새며 책(冊)을 읽다가, 새벽녘에야 의자에 앉은 채 꾸벅꾸벅 졸다가 깨어나면, 관아(官衙) 출근시간에 늦은 것을 알고는 세수도 빗질도 않은 채 관아로 달려갔다.

그는 20년간 승진(昇進)을 사양하고 외직(外職)을 고집하며, 둑을 쌓고, 학교개혁, 농민대부금설치 등을 행했으며 소소한 사회개선안을 실행했다. 왕안석이 외직(外職)에 있을 당시에는 왕안석보다 나이가 많고 저명(著名)한 범중엄(范仲淹), 사마광(司馬

光), 구양수(歐陽脩), 증공(曾鞏) 등의 거목들이 있어, 내직을 외면하고 독서와 행정에 힘썼던 것이 사실이다.

❑ 소순(蘇洵)은 왕안석을 한번 만나보고서 왕안석은 나라를 어지럽힐 인물이라고 예언했다. 장방평(張方平)도 소순과 같은 견해를 말했다. 장방평은 왕안석의 오랜 벗이다. 왕안석 말년에는 장돈(章惇)이 재상이 되어, 왕안석의 세법에 동조하여 나라를 크게 어지럽힌다.

❑ 왕안석의 독서(讀書)는 착실한 문장(文章)을 낳았고, 행정은 약간의 성과가 있었으나, 그의 설부른 국가경영이론은 세금걷기에 주력하는 독단으로 치달으며, 정적(政敵)을 처단하고 백성의 삶을 피폐(疲弊)하게 하였으며, 주변국가인 금(金)과 원(元)의 견제에 실패하였다.

❑ 왕안석이 북송을 어지럽혔으며, 이어 장돈(章惇)이 등장하여 난세(亂世)에 빠뜨리고, 다음에 진회(秦檜)가 모사(謀事)하여 북송(北宋)은 금(金)에게 멸망의 화(禍)를 맞는다. 소순과 장방평의 예언이 들어맞은 것이다. 진회(秦檜)는 전세에 거친 고승(高僧)이라 한다. 고승에도 풍격(風格)이 있다. 진회는 약간의 형등지견(螢燈知見)으로 선사(禪師)노릇을 한 것이다.

❑ 동파가 일찍이 왕안석을 평하여 삼부족(三不足)이라 말하였다.

"왕안석은 천명(天命)을 두려워하지 않고[天命不足畏], 중언(衆言)을 좇지 아니하며[衆言不足從], 선현(先賢)의 지혜를 따르지 않는다.[祖宗之法不足用]"

15. 북송北宋, 960~1127의 인물.

북송(北宋)은 907년 당(唐)이 멸하고, 907~960, 53년간, 화북(華北)의 오대(五代)와 화남(華南)의 십국(十國)으로 혼돈하였는데, 조광윤(趙匡胤)이 통일하여 세운 나라이다. 960~1127 까지 성하였다. 926 발해(渤海) 멸후, 거란(契丹)이 북송(北宋)을 멸하고 1127년 금(金)을 세웠다. 북송은 167년간 유지 되었다. 북송이 꽃피운 문화와 인물은 중국문화의 정수(精髓)라 일컫는다.

❑ 학문(學文)

도학(道學)에 밝은이를 선하여 차례를 둔다면 소식(蘇軾), 황정견(黃庭堅), 구양수(歐陽修), 장상영(張商英), 장방평(張方平), 주돈이(周敦頤), 소옹(邵雍), 범중엄(范仲淹), 사마광(司馬光), 소철(蘇轍), 정호(程顥), 장뢰(張耒), 진관(秦觀), 조보지(晁補之)라 하겠다.

❑ 문장(文章)

소식(蘇軾), 구양수(歐陽修), 사마광(司馬光), 범중엄(范仲淹), 장방평(張方平). 왕안석(王安石), 장뢰(張耒)

❑ 시(詩)

소식(蘇軾), 황정견(黃庭堅), 진관(秦觀), 조보지(晁甫之), 장뢰(張耒), 이치(李廌), 진사도(陳師道)

❑ 서(書)

구양수(歐陽脩), 소식(蘇軾), 범중엄(范仲淹), 사마광(司馬光), 장방평(張邦平).

❑ 화(畵)

문동(文同), 미불(米芾), 이공린(李公麟), 소식(蘇軾).

❑ 순정(順政)

범중엄(范仲淹), 구양수(歐陽脩), 사마광(司馬光), 증공(曾鞏), 장방평(張邦平).

❑ 악정(惡政)

왕안석(王安石), 여혜경(呂惠卿), 장돈(章惇), 진회(秦檜).

❑ 선사(禪師)

운문문언(雲門文偃), 설두중현(雪竇重顯), 천의의회(天衣義懷), 오조사계(五祖師戒), 황룡혜남(黃龍慧南), 오조법연(五祖法演). 동림상총(東林常總), 도솔종열(兜率從列), 원오극근(怨惡克勤), 대혜 종고(大慧宗杲) 등이다.

閑觀直說
한 관 직 설

1. 동파문론 東坡文論

글이란 그 사람의 사상(思想)과 학식(學識)과 견처(見處)가 그 때의 제론(提論)과 관심처(關心處)를 따라 나타나는 것이다. 동파의 50대에는 견처(見處)가 밝아, 유불도(儒佛道) 삼가(三家)의 종지(宗旨)를 꿰어 말한다.

孔老異門	공자(孔子)와 노자(老子)는 다른 문(門),
儒釋分宮	유가(儒家)와 불가(佛家)는 다른 집[家]이다.
又于其間	또한 그 사이에
禪律相攻	선(禪)과 율(律)이 서로 공격하여 다툰다.
我見大海	내가 큰 바다를 보노라니
有北南東	북(北)과 남(南)과 동(東)이 있거니.
江河雖殊	강(江)과 하천(河川)이 비록 다르나
其至則同	그 이르는 곳은 같도다.

유불도(儒佛道)는 사람의 마음, 그 하나가 근원(根源)이나, 근원에 이르는 방법이 다르다는 것이다. 하나란 마음[道心]이다. 이 마음[道心]은 정념이 포함되지 아니한다. 동파는 일찍이 유가(儒家)와 도가(道家)에는 해통(解通)했으나, 불가(佛家)의 묘의

(妙意)는 황주유배 시절에, 45세부터 5년의 간경(看經)과 망구묵좌(忘軀默坐) 끝에 자득(自得)한다.

자득(自得) 연후에 유가(儒家), 도가(道家)의 종의(宗意)를 새로이 꿰어 보게 되는 것이다. 유가(儒家)의 종의(宗意)는 무사(無思)요, 불가(佛家)의 종의는 무념(無念)이요, 도가(道家)의 종의는 무심(無心)이다. 무사(無思), 무념(無念), 무심(無心)은 같은 뜻이다.

동파는 사람에 상하(上下)를 두지 않았다. 동파가 말한다.

> "나와 서민(庶民)은 한 몸, 사람에게 상하(上下)는 없다.
> [我庶一體 上下無分]"

동파의 족적에 무등사상(無等思想)이 곳곳에 배어 있어, 세인(世人)의 감동을 준다. 측사(測思)의 글은 있으되, 인품(人品)이 따르지 못하는 것이 속사(俗士)의 사정인 것이다.

동파는 무등(無等)의 평등(平等)이 근저(根柢)가 되어 서민의 사정을 어루만졌다. 유배 시에도 약(藥)을 미리 구했다가 서민을 치료하고, 서민과 더불어 즐기는 사(詞)를 짓고, 동파육(東坡肉)을 계발(啓發)하여 서민의 주린 배를 달래주며, 동파제(東坡堤)를 건설하여 홍수를 막았으며, 외임(外任) 시에 집을 구입했으나 전주인(前主人)의 사정을 듣고는 노파에게 집을 주고, 자신은 식솔(食率)을 데리고 관사의 한 모퉁이에 거처 했다.

자신의 편안함을 구하려 서민의 삶을 외면하지 않았으며, 가

난을 두려워하지 않았다. 동파는 사상(思想)과 행동(行動)과 문(文)이 일치하는 해맑은 선비이다. 동파의 만년은 무정소요(無情逍遙)에 있다. 공부의 심처(深處)가 그러하나니, 행(行)과 문(文)이 자연히 따르는 것이다.

후래의 시인들이 당송(唐宋)의 시구(詩句) 가운데 '日華川上動風光艸際浮'가 서정(抒情)의 기교(技巧)가 빼어났다고 평한다. 그 취의는 범부의 안목이다.

日華川上動　햇빛은 강물 위에 흐르고,
風光艸際浮　풍광은 풀밭 위에 넘실거리네.

라는 글귀이다. 이 구(句)의 '動, 浮'가 묘미(妙味)라 한다. 그러나 이 구는 칠정(七情)의 진로(塵勞)을 벗어나지 못했다. 이 구의 시격(詩格)은 두보(杜甫)의 청한(淸閑)을 만나지 못하고, 두보(712~770)는 왕유(王維, 701~761)의 낙처(落處)를 알지 못하는 것이라, 안목(眼目)과 자득(自得)이 따르지 못하면 글이 서정(抒情)에 멈추는 것이다. 만약 문안(文眼)이 여기에 이르면, 예[古]와 오늘을 평평(平平)히 한다고 볼 수 있다고 하겠다.

동파에게는 청고(淸高)의 풍격(風格)과 도안(道眼)이 갖추어져 있어, 때로 상외(象外)의 상(象)을 그려낸다. 그런 까닭에 동파의 시(詩)를 태공풍격(太空風格)이라 하는 것이다. 당송(唐宋)의 고로대유(高路大儒)가 문론(文論)의 대체(大體)를 말한다.

한유(韓愈, 768~824)는 도(道)에 뜻을 두어 문(文)을 짓는다.[文以志道]고 하였고, 유종원(柳宗元, 773~819)은 도(道)를 밝혀야 문(文)이 이루어진다.[文以明道]고 하였으며, 구양수(歐陽脩, 1007~1072)는 도(道)에 합하면 문(文)이 절로 이른다.[道勝而文自至]라 하였다.

한유보다 유종원이 높고, 유종원보다 구양수가 밝다. 소식(蘇軾)은 문(文)은 반드시 도(道)를 갖추어야 한다.[文必與道具]고 했다. 소식(蘇軾)의 문론(文論)은 유종원(柳宗元)과 구양수(歐陽修)의 문론(文論)을 아우른 것이라 천고(千古)에 아름다운 말이 된다고 하겠다.

소식(蘇軾)이 한가할 때, 황정견(黃庭堅), 진관(秦觀), 조보지(晁輔之) 등이 문(文)을 물으매, 답(答)한 말을 정리하면 다음과 같다.

하나, 문장(文章)은 반드시 도(道)와 더불어야 한다.

둘, 문장(文章)이란 그렇게 하기 위함이 아니라, 그렇게 하지 않을 수 없게 된 뒤에 공교(工巧)해 지는 것이다. 산천초목(山川草木)의 구름, 안개, 꽃, 열매는 절로 드러난 것이니 그것이 없고자 해도 어찌 그렇게 될 수 있겠는가?

셋, 진(眞)에 즉해야 그 바름을 나타낼 수 있는 것이다.

넷, 문(文)을 지음에 반드시 일(一)을 얻은 연후에 자기의 것으로 할 수 있다. 그 일(一)이란 의(意)이다.

다섯, 견처(見處)가 장주(莊周)의 의호천리(依乎天理)를 밝히 알아야 문(文)이 올곧게 설 수 있는 것이다.

위의 다섯 마디가 동파문론(東坡文論)의 대요(大要)이다. 위의 문론(文論)은 상사(上士)를 향한 말이다. 한유(韓愈), 유종원(柳宗元)은 사상(思想)으로는 두렷하나, 구양수(歐陽修)와 소식(蘇軾)만이 실오(實悟)에 나아간 것이다.

지금 세상에 문장으로 종유(從遊)하는 이는, 선유(先儒)의 표의(表意)를 가슴에 담아야 할 것이다. 소동파(蘇東坡)가 '문(文)은 무엇을 표현할 것인가를 생각해야 한다.'라 하고, 한유(韓愈)는 '문장은 어렵고 쉽기보다는 오로지 옳아야 한다.'함은 문장(文章)에 처음 나아간 이에게 고언(苦言)한 것이다. 동파가 말한다.

> "무릇 글을 짓게 되면 노경(老境)에 이르러, 반드시 후회(後悔)되는 바가 많게 된다."

동파의 글에도 젊을 때와 노성(老成) 했을 때의 견해가 달라진 곳이 더러 보인다. 젊어서 많은 글을 쓰게 되면, 반드시 스스로 부끄러이 여기게 되는 바가 많을 것이다. 글이란 스스로 밝아지고, 세월이 쌓인 연후에 청한(淸閑)히 나아가야 후회(後悔)가 적은 것이다. 동파의 문(文)을 통렬히 비판하는 이도 있다. 주희(朱熹, 1130～1200)가 말한다.

> "동파는 도(道)를 체득(體得)하고 문장(文章)을 쓴 것이 아니라, 문장을 쓰면서 점차로 도(道)를 추구하여 문장 속에 집어넣었으니 이것이 그의 병폐(病弊)다. 동파는 도시(都市) 작문(作文)을 하면서 점차로 도리(道理)를 말해 간 것이지, 먼저 도리(道理)를 체득하고, 작문(作文)을 하지 않은 까닭에 근본(根本)이 모두 틀어졌다."

주희(朱熹)의 날선 독설(毒舌)이다. 주희는 공부가 천박(淺薄)하면서도 공자의 설(說)에 많은 주석을 붙힌 공문(孔門)의 걱정꺼리이다. 사무사(思無邪)로 일이관지(一以貫之)하는 공자의 종의(宗意)를 밝히지 못한 까닭에, 이성(二性)을 주장하여 칠정(七情)을 성(性)이라 하며, 온갖 잡설(雜說)을 쏟아낸 인물이다. 칠정(七情)은 다만 정(情)일 뿐이며, 그 체(體)는 환(幻)이다.

주희는 정이(程頤)를 신유학의 개조(開祖)로 존숭하는 까닭에, 정이의 막힌 견해를 지적한 동파(東坡)에게, 교활(狡猾)한 뜻을 지니고 도(道)와 문장(文章)의 근본(根本) 운운 하면서 동파를 모욕(侮辱)하는 것이다. 눈 밝은 이는 주희가 소견(所見)이 좁고 용렬(庸劣)한 것을 보게 될 것이다.

주희는 정이(程頤)와 그 문인 사량좌(謝良佐) 양시(楊時) 등 몇 사람의 말과 장재(張載, 橫渠) 등의 의견을 끌어 모아놓고 집대성(集大成)했다고 생각한다. 주희의 소견(所見)이 그러하여, 그 내용은 한마디로 어설프고 어지럽다. 이어 주희를 따르는 무리들이 그것을 일러 성리대전(性理大全)이라 하였나니, 공자심학(孔子心學)이 크게 어지럽혀진 것이다.

사람의 성(性)을 본연지성(本然之性)과 기질지성(氣質之性)으로 분개하여 이성론(二性論)으로 출발한 정주(程朱)의 심학(心學)이론은 끝내 공자의 가르침에는 합(合)하지 못하였다. 주희는 다만 공자(孔子)를 등지고 세상을 어지럽혔을 뿐이다.

동파가 주희의 조종(祖宗)인 정이를 무시(無視)했다고 생각한 주희가 천박(淺薄)하게 동파를 공격하는 것이다. 동파는 정이를 미워한 것이 아니라, 정이의 견해가 이치에 닿지 않으므로 다만 '그렇지 않다'고 말했을 뿐이다.

공자의 도(道)는 명덕(明德) 즉 성(性)을 밝혀 온갖 이치에 통하지 않음이 없는 것이다. 그러므로 공자(孔子)께서 '나의 도(道)는 일이관지(一以貫之)니라'하였던 것이다. 도설(道說)은 여러 가지의 이론이 필요하지 않다. 다만 일이관지(一以貫之)일 뿐이다. 그 일(一)은 성(性)이다.

주희는 칠정(七情)의 생각으로 도(道)를 헤아릴 뿐, 공자의 칠정(七情) 없는 도설(道說)을 알지 못한다. 동파의 도설(道說)은 주희의 독설(毒舌)이 닿지 않아 초연(超然)히 드밝다.

동파는, 47세에 고승(高僧)과 교유하며 칠정몽환설(七情夢幻說)의 정의(精義)를 배워 응심부동(凝心不動)에 들었다. 48세에는 해오(解悟)하여 적벽부(赤壁賦)와 비장성(枇杖聲)을 읊었으며, 49세에는 개오(開悟)하여 동림계성(東林溪聲)과 여산진면목(廬山眞面目)을 읊었다.

그리고 50세에 무하유(無何有)를 읊었다. 51세부터 종신(終身)하는 66세까지, 중은(中隱)의 선비로서 명철한 설리(說理)와 올올(兀兀)한 기상(氣象)의 거사풍(居士風)을 은근히 일으켰다.

개오(開悟) 이후의 동파는 천성(天性)을 지키며, 천성(天性)에 맡겨 소요(逍遙)하는, 드밝은 선객(禪客)의 삶을 살았다. 동파의 풍도(風道)는 장상영(張商英)에게 영향을 주고, 황정견(黃庭堅), 진관(秦觀), 조보지(晁補之), 장뢰(張耒), 진사도(陳師道) 등을 이끌었으며, 소철(蘇轍), 문동(文同), 공문중(孔文仲), 왕진경(王晉卿), 이용면(李龍眠), 미불(米芾) 등이 따랐다.

세상에서는 이들을 촉학파(蜀學派)라 부른다. 촉학파는 유(儒)에 몸을 담았으나, 선(禪)을 존숭(尊崇)하여 공부하며, 중은(中隱)

혹은 소은(小隱)의 삶을 살았던 태공풍격(太空風格)의 걸출한 학사들이다.

정이(程頤) 등의 낙학파(洛學派)는 소학사(蘇學士)의 촉학파(蜀學派)가 선(禪)에 경도 되었다하며 비난했다. 당시의 사대부와 문사들은 거의가 촉학파(蜀學派)를 지지했다. 동파의 밝은 지혜와 청렴한 생활이 거사풍(居士風)이 넓혀지는 바탕이 되었을 것이다.

2. 선시절간 禪詩窃看

유정(有情)과 무정(無情)을 낙화(落花)와 유수(流水)에 빗대어, 어느 구건선객(垢愆禪客)이 측지(測知)하여 읊었다.

落花有意隨流水　낙화는 有情으로 유수에 몸을 맡기나
流水無情送落花　유수는 無情으로 낙화를 보내누나.

정념몽환설(情念夢幻說)을 이해하여, 대(對)를 두어 잘 읊은 듯하다. 그러나 시(詩)에 생기(生氣)가 없는 것은 무연지지(無緣之知)의 따뜻한 해맑음이 없기 때문이다.

낙화(落花)와 유수(流水), 모두가 무정(無情)이라 해야 반(半)은 해의(解義)가 있다고 하겠다. 편벽된 지해(知解)로 조작한 시라 하겠다. 아래는 대혜종고(大慧宗杲)선사가 읊었다.

落花片片隨流水　낙화는 점점히 유수에 몸을 맡기고
流水無心戀落花　유수는 無心으로 낙화를 좋아하누나.

이 시는 낙화(洛花)와 유수(流水)가 모두 무심(無心)이다. 묘의(妙意)는 유수(流水)가 무심(無心)으로 낙화(落花)를 좋아함[戀]에 있다. 무심(無心)으로 좋아함[戀]이라야 대적자비(大寂慈悲)의 서취(瑞趣)가 있는 것이다. 무정(無情)과 무심(無心)은 같은 뜻이다. 아래는 동파의 무정송조(無情送潮) 첫 구이다.

有情風萬里劵潮來	有情風이 萬里에 潮水를 몰고 왔으나
無情送潮歸	無情으로 潮水를 돌려 보낸다네.

낙화유의수유수(落花有意隨流水)는 대혜종고(大慧宗杲)선사와 동파의 시를 흉내 낸 듯하다. 그러나 생기(生氣)와 묘의(妙意)가 없을 뿐 아니라 출처(出處)가 같지 않다.

동파는 벗, 도잠화상이 칠정(七情)을 벗어나지 못함을 안타까이 여겨 공부를 독려(督勵)하는 시이다. 대저 선시(禪詩)는 그럭저럭 흉내 낼 수는 있으나, 자득(自得)이 없으면 묘의(妙意)에 나아가지 못해 제대로 될 수 없다. 공부가 없으면서 선시(禪詩)를 지으려 애쓰는 이는 바르게 되기 어렵다.

3. 도연명설 陶淵明說

동파가 읊는다.

道喪士失己　道에 어두운 선비는, 眞我를 잃은지라
出語輒不情　말마다 道理에 어긋나네.
江左風流人　강남의 風流名客
醉中亦求名　취중에도 虛名을 구하누나.
淵明獨淸眞　[그 가운데] 淵明만이 홀로 맑고 참되어
談笑得此生　담소하며 이러히 今生에 거니도다.
身如受風竹　몸은 바람에 흔들리는 竹과 같으나
菴冉衆葉驚　옛 집에 찾나니, 온갖 나뭇잎[殘憶]이 사각이며 놀래는구나.

* 菴冉: 옛집(나무가 우거진 집)에 나아가다.

옛 집이란 진아(眞我)가 아니겠는가. 진아(眞我)를 알지 못하고 도(道)를 말하면, 이름을 따라 칠정(七情)의 파도에 맡겨 철없이 우왕좌왕 하게 되는 것이다. 동파는 노년(老年)에 화도시(和陶詩) 136수를 지었는데, 동파만의 감회(感懷)가 있는 것이다. 짐작이 가는 바 있으나 여기에 적지 아니한다.

소동파(蘇東坡)는 도연명(陶淵明)의 잡시(雜詩)가운데,

"채국동리하(採菊東籬下) 유연견남산(悠然見南山)"

한마디가 볼만 하다고 한다. 그리고 도연명(陶淵明)은 진아(眞我)를 밝히지 못해 사생(死生) 밖에서 초연(超然)하지 못하다고 평한다.

採菊東籬下	동쪽 울타리 아래서 국화를 따다가
悠然見南山	유연히 남산을 바라보네
山氣日夕佳	山氣는 날 저물자 더욱 아름다운데
飛鳥相與還	나는 새들이 무리지어 돌아오누나.
此中有眞意	이 가운데 참된 뜻 있나니
欲辯已忘言	무어라 하려다가 말을 잊었네.

동파는 "내가 곧 도연명이요, 도연명이 곧 나다."[我卽淵明 淵明卽我]라고 여러 번 말한다. 백낙천(白樂天)도 "도연명이 나의 전생이다."[淵明是吾前生]라고 한다. 이로써 미루어 보건대 도연명(陶淵明), 백낙천(白樂天), 소동파(蘇東坡)는 시대를 달리할 뿐, 같은 인물일 것이다. 동파가 말한다.

"나는 시인(詩人)을 좋아하는 바 없으나, 유독 도연명을 좋아한다. 그의 시(詩)는 질박(質樸)하지만 그 실(實)은 화려(華麗)하고, 야위었지만 그 실(實)이 기름져서 조식, 류정, 포조,

사령운, 이백, 두보 등의 인물이 미치지 못한다.
내가 도연명보다 못한 것은, 세상사가 나를 옭매기 때문이다."

도연명은 이름을 멀리하고 권력을 싫어하며 소박(素朴)에 거처하였다. 그의 시는 생활을 솔직하게 표현하고, 해맑은 생각으로 구름과 바람과 산기(山氣)와 노을을 벗하였다. 불가(佛家)의 혜원(慧遠)대사, 도가(道家)의 육수정(陸修靜)과 교유하며 호계삼소(虎溪三笑)의 일화를 남기기도 하였다.

호계삼소(虎溪三笑)는 뒷사람이 지어낸 이야기라는 설이 있으나, 호계삼소(虎溪三笑) 속에는 세속 밖의 초연(超然)한 기상이 있어, 사람들이 세 사람의 시절과 통교의 자취가 없다는 사실을 애써 구명(究明)하려 하지 않는 것이라 하겠다.

죽림칠현(竹林七賢)의 고사와 같은 소식이다. 진(晉)나라 초기 칠현(七賢)의 선비는 황노사상(黃老思想)에 젖어 무위자연(無爲自然)을 추구했는데, 산도(山濤) 왕융(王戎) 유영(劉伶) 완적(阮籍) 완함(阮咸) 혜강(嵇康) 상수(尙秀)를 이른다. 그들은 서로 만난 적이 없으나 그 이름이 죽림에 올려져 세상의 스승이 된 것이다.

도연명의 시에는 가난을 고달파하며 죽음에 대한 두려움이 자주 나타난다. 도생(陶生)은 퇴은(退隱), 청빈(淸貧), 소박(素朴),

숭고(崇古)의 삶을 살았으나, 벗 왕홍(王弘)이 아니었으면 아사(餓死)의 지경에 헤맸을지 모른다.

그러나 세속의 선비들이 양구(陽口)와 입신양명(立身揚名)을 꾀하는데 반해, 도생(陶生)은 권력에 품팔이하지 않고 귀촌(歸村)하여 벽거(僻居)하였음을 뒷사람이 높이는 것이다. 삼소(三笑)의 탈속(脫俗)한 인물들이 당시의 고사(高士)인 구마라습(鳩摩羅什)과 승조(僧肇)와 도생(道生)을 찾아 배움을 청하여 도안(道眼)을 열지 못한 아쉬움도 있다고 할 것이다.

도연명에 대한 동파의 연모(戀慕)가 다소 과해 보이나, 아마도 자신의의 전세추억(前世追憶)을 자회감상(自悔感想)하느라, 한때에 백여 편의 화도시(和陶詩)를 지은 것이리라.

그러나 동파는 도심견처(道心見處)에 대해서는 냉철(冷徹)고도 정직하게 평한다. 도연명은 다만 '採菊東籬下 悠然見南山' 이 한 구만 남겼을 따름이라 함이 그것이다. 소동파는 이 구(句)가 "경(境)과 의(意)가 만난 것이라, 진실로 묘미(妙味)가 있다."라 하였던 것이다.

山氣日夕佳	山氣는 날 저물자 더욱 아름다운데
飛鳥相與還	나는 새들이 무리지어 돌아오누나.
此中有眞意	이 가운데 참된 뜻[眞意] 있나니
欲辯已忘言	무어라 하려다가 말을 잊었네[忘言].

에는 도심(道心)에 대한 측사(測思)의 묘(妙)가 보인다고 할 것이다. 진의(眞意)와 망언(忘言) 사이에 어렴풋이 도법자연(道法自然)의 의취(意趣)가 있는 것이다.

도연명 사후(死後) 70년에, 간행된 문심조룡(文心雕龍)에는 도연명에 대한 언급이 없고, 양(梁)나라 초에 결집한 시품(詩品)에는 중품(中品)으로 평가하였다. 지금 세상에 도연명을 높이어 기리는 것은, 양(梁, 502~557)의 소통(蕭統)이 문선(文選)에 소개하여 도생(陶生)의 이구청한(離垢淸閑)을 높혔고, 당(唐)의 정건(鄭虔, 廣文先生, 杜甫의 벗)이 "고일은사풍모(高一隱士風貌)"라 하여 다시 살펴보게 되었으며, 북송(北宋)의 소동파(蘇東坡)가 화도시(和陶詩) 136수를 짓고, 귀촌(歸村)의 의(意)를 되새김으로써 세상에 넓혀진 것이다.

뒤이어 주희(朱熹)가 추숭(推崇)하였고, 이황(李滉)이 화도시(和陶詩) 이십 수를 지음으로 조선의 시인이 도연명을 숭모하게 된 연유라 할 수 있다. 주희와 이황이 추숭(推崇)한 근저는 퇴은(退隱), 청빈(淸貧), 소박(素朴)을 본 것이요, [眞意]와 [忘言]의 사이에 드러나는 도심측사(道心測思)의 묘(妙)를 본 것은 아니라고 하겠다.

4. 왕마힐설 王摩詰說

왕유의 시, 산중공취(山中空翠)를 읽고, 동파가 시중화(詩中畵)라 하였다. 왕유의 중년이후의 시는, 대체로 자연(自然)과 촌부(村夫)와 선비의 소박천진(素朴天眞)을 읊었다. 그 속에 도심(道心)을 드러내고 칠정(七情)의 위(僞)를 밝힌 바를 동파가 드높혀 본 것이다. 왕유는 신회(神會)선사의 문인으로써 중년에 개오(開悟)한다. 왕유의 상시(上詩) 구제(九題) 중의 한편인, 산중공취(山中空翠)를 본다.

藍谿白石出　쪽빛 계곡에 물 줄어, 흰 돌이 드러나고
玉川紅葉稀　옥빛 시내에 붉은 낙엽이 드문드문.
山路元無雨　산길에 원래 비가 없었는데
空翠濕人衣　허공의 푸르름이 옷을 적시누나.

동파가 이른다.

"왕마힐은 본래 노성(老成)한 시인으로, 청한(淸閑)하고 초고(超高)한 풍도(風度)는, 지초(芝草)를 차고 향기로운 창포(菖蒲)를 입은 듯하다."

동파가 또 이른다.

“마힐(摩詰)의 시를 음미해 보면 시 가운데 그림이 있고, 마힐의 그림을 보노라면 그림 가운데 시가 있다.”
[味摩詰之詩 / 詩中有畵 / 觀摩詰之畵 / 畵中有詩]

5. 왕오문화설 王吳文畵說

대저 그림의 효용은 크다고 할 수 있다. 천지만물(天地萬物)을 붓 끝에 묻혀서 뜻대로 화폭에 옮겨, 세인(世人)과 더불어 즐길 수 있기 때문이다. 그러나 그림이 단지 겉모습만 옮긴 것이라면 하화(下畵)에 불과하다. 만물의 생명력(生命力)과 동정(動靜)의 이(理)를 얻어, 청신(淸新)의 담담적의(淡淡適意)를 담아내야 신정묵계(神淨默契)의 묘절(妙絶)을 얻었다고 할 수 있다.

화(畵)의 처음은 문자(文字)이다. 고로 화(畵)란 의(意)의 다른 표현인 것이다. 의(意)와 화(畵)가 청신(淸新)을 얻으면 명화(名畵)가 되는 것이다. 왕오문화설(王吳文畵說)이란 왕유(王維), 오도자(吳道子), 문동(文同)에 대한 동파의 화설(畵說)이다. 동파가 화론(畵論)을 말한다.

> "시(詩)와 그림은 본래 하나의 음율(音律)이니, 천기(天機)의 공교(工巧)와 청신(淸新)에 나아가야 한다."
> [詩畵本一律 天工與淸新]

문동(文同, 1018~1079, 字 與可)은 북송의 문인으로 시(詩), 초

사(楚詞), 초서(草書), 죽화(竹畵)에 능하여 문동사절(文同四絶)이라 부른다. 진사(進士)에 급제하여 능주(陵州), 진주(陳州), 삼호(三湖)의 태수를 지냈다. 소소거사(笑笑居士), 금강도인(錦江道人)이라 자호(自號)했다. 담묵(淡墨)이 풍지간중(風旨簡重)을 얻었다 하며 묵죽(墨竹)의 개조(開祖)로 불리운다. 동파가 말한다.

> "문여가(文同)는 시명(詩鳴), 초성(艸聖)이라 평하지만 죽삼매(竹三昧)를 겸하였네. 시시로 목석(木石)을 토하니 황괴(荒怪)하기 상외(象外)를 벗어났네."
>
> [文與可 詩鳴艸聖 餘兼入竹三昧 時時出木石荒怪軼象外]

동파는 문동(文同)에게 묵죽(墨竹)을 배웠는데, 소동파는 청신(淸新)의 지기(至氣)를 보여, 문동과 더불어 북송(北宋)의 묵죽대가(墨竹大家)로 알려졌다. 소동파가 오대시안(烏臺詩案)의 화(禍)를 입어 황주(黃州)로 유배 갈 때, 문동(文同)이 동파에게 말한다.

北客若來休問事　　北에서 客 오더라도 세상일 묻지 말고
西湖雖好莫作詩　　西湖山水 빼어나도 詩는 짓지 말게!

선배 문객(文客), 문동(文同)이 동파의 직설(直說)이 또 다른 화를 부를 것을 염려하는 시구(詩句)이다. 동파가 황주로 떠나자마자 문동은 기세한다. 소동파가 오도자(吳道子)의 그림을 보고 후서(後書)한다.

“지혜로운 자는 물(物)을 창조하고, 능(能)한 자는 그것을 계술(繼述)하니, 한사람이 이룬 것이 아니다. 군자(君子)의 학문과 백공(百工)의 기예(技藝)가 삼대(三代)로부터 한대(漢代)를 거쳐 당대(唐代)에 이르러 갖추어 졌다. 그리하여 시(詩)는 두자미(杜子美)에 이르러, 문장(文章)은 한퇴지(韓退之)에 이르러, 서법(書法)은 안노공(安魯卿), 그림은 오도자(吳道子)에 이르게 되어, 고금(古今)의 변화와 천하의 능사(能事)가 다하게 된 것이다.”

[知者創物 能者述焉 非一人而成也 君子之於學 百工之於技 自三代歷漢 至唐而備矣 故詩至於杜子美 文至於韓退之 書至於安魯公 畵至於吳道子 而古今之變 天下之能事 畢矣]

동파는 오도자(吳道子, 名 : 道玄, 700~760)의 738년경 작, 지옥변상도(地獄變相圖)의 발문(跋文)에 다음과 같이 말한다.

“오도자(吳道子)는 화성(畵聖)이다. 법도(法度)를 지키면서도 신법(新法)을 드러내고, 호방(豪放) 바깥의 묘리(妙理)를 보이니, 대저 칼질을 하나 여유롭고, 도끼를 휘둘러 바람을 일으키는 (莊子의 庖丁과 匠石같은) 사람이다.”

[道子畵聖也 出新意於法度之內 寄妙理於豪放之外 蓋所謂游刃餘地 運斤成風者耶]

동파 만년에, 왕유(王維)가 그린 개현사(開玄寺)의 벽화(壁畵)를 보면서 오도자(吳道子)가 왕유(王維)의 상외지유(象外之游)의 경지를 따를 수 없음을 발견하고 이른다.

"오도자의 그림이 비록 묘절(妙絶)하나, 화공(畵工)으로써 논할 뿐이다. 왕유(王維)의 그림은 상외(象外)를 자득(自得)함이 있어, 마치 숨은 숨결을 일으켜 신선(神仙)의 날개를 드리우고 나는 것 같다. 내가 두 사람을 보니 솜씨가 다 신준(神俊)이다. 왕유의 경지(境地)는 지책(指責)할 말이 없어 옷깃을 여미게 된다."

[吳生雖妙絶 猶以畵工論 摩詰得之於象外 有如僊翮謝籠樊 吾觀二子皆神俊 又於維也歛衽無間言]

* 상(翔) : 빙빙 돌아날다. 핵(翮) : 깃촉 농(籠) : 대그릇, 활통 번(樊) : 울타리 감(歛) : 원하다. 임(衽) : 옷깃

동파는 왕유의 벽화를 만나, 그림을 논하며 상외(象外)를 말한다. 상외(象外)란 사무사(思無邪)의 무정경지(無情境地)이다. 고금을 통해 화공(畵工)이 몇이나 상외(象外)를 거닐 수 있었겠는가? 동파가 왕유를 동도동경(同道同境)이라 함은, 그림만을 보고 평하는 것은 아니다. 왕유의 고시(高詩) 백원와(白黿渦), 변각사(辨覺寺), 녹채(鹿柴), 산중(山中), 종남별업(終南別業) 등을 통해 왕유의 견처(見處)를 보았던 것이다. 등변각사(登辨覺寺)를 살펴 본다.

변각사(辨覺寺)가 여산(廬山)의 어느 기슭에 있었을 것이라고 학자들은 추측한다. 그러나 변각사란 왕유의 상상 속의 산사(山寺)일 것이다. 변각(辨覺)이란 보살(菩薩)의 깨달음을 변별(辨別)

한다는 뜻이다. 초지(初地)란 화엄(華嚴)초지보살이니, 처음 견성(見性)한 환희지(歡喜地)이다.

견성(見性) 연후에 닦아가는 공부계위(工夫階位)에 십일(十一)계위(階位)가 있다. 환희지(歡喜地)에서 등각(等覺)까지 오언팔행(五言八行)에 담아내는 솜씨가 탁월하지만, 그 보다도 보살(菩薩)의 경지(境地)를 변별(辨別)하여 비유하며 논하는 것이 놀라웁다. 높은 산에 올라야 더 높은 산들을 두루히 살펴 아는 것과 같다. 동파가 왕유를 상외지유(象外之游)의 청고(淸高)라 함은 소동파의 안목(眼目)이 밝기 때문이다. 등변각사의 시어(詩語)를 변별(辨別)하여 본다.

登辨覺寺

竹徑運初地　대숲 길이 初地로 이어지고
蓮峰出化城　蓮花峰에서 化城이 나타나누나.
窗中三楚盡　窓 가득 三楚(東, 西, 南)가 펼쳐지고
林上九江平　숲 위로 九江이 평안히 흐르네.
輭草承趺坐　연한 풀은 跏趺坐를 받들고
長松響梵聲　長松은 梵聲을 토하누나.
空居法雲外　法雲 밖에 淸淨眞性으로 逍遙하고
觀世得無生　無生을 得하여 世上을 觀하누나.

* 運(돌아들다) -은 連(이어지다) - 과 통한다. 三楚(삼초) : 전국시대 초나라 땅. 진(秦), 한(漢)시대에 옛 초땅을 동, 서, 남으로 삼분한 데서 유래한 말.

義解

十回向에 이르니 歡喜地에 이어지고
離欲地에 이르니 發光地가 나타나누나.
焰慧地 가득, 五地 六地 七地가 펼쳐졌네.
不動地 위에 善彗地이 평안히 흐르네
연한 풀밭은 上道人의 跏趺坐를 받들고
높은 소나무는 無情法을 說하누나.
法雲 밖에 眞性으로 逍遙하고
佛은 세상을 觀하며 無生에 계시도다.

왕유의 변각사(辨覺寺)는 방외(方外)의 고격절품(高格絶品)이다. 그 이(理)는 무성(無聲)의 성(聲)이라 하겠다. 경지는 세속의 눈을 벗어나 있어, 왕유의 별지(別智)를 강 건너 어슴프레 보았다고 하겠다. 뒷사람이 왕유를 시불(詩佛)이라 함은 공언(空言)이 아니다. 대저 불법(佛法)을 깊이 연구(硏究)한 자는 바라보고 또 바라볼 것이다. 왕유의 글을 살피면 따로이 얻는 바가 있으리라.

왕유(王維)는 청(淸)의 동기창(董其昌)에 의해 문인화(文人畵)의 개조(開祖)로 존숭(尊崇) 된다. 왕유의 무심화풍(無心畵風)에 동기창이 약간의 느낀 바가 있었을 것이다.

진(晉)의 고개지(顧愷之), 북제(北齊)의 안지추(顔之推), 남제(南齊)의 사혁(謝赫) 등이 시(詩)와 화(畵)에 달인(達人)이나, 동기창(董其昌)이 왕유를 존숭한 것은 동파의 영향이다. 동파묵죽(東坡墨竹)의 소징(素徵)과 작태(作態)에 대해 미불(米芾)이 말한다.

"소식(蘇軾)의 묵죽(墨竹)은 땅에서부터 꼭대기까지 한 번에 그린다. 마디마디 구분해서 그리지 않는 까닭이 무엇인가? 라 물으니, 죽(竹)이 처음 나면서 마디를 좇아 자라는가? 라고 답한다. 그 생각이 청발(淸拔)한데, 이것은 문동(文同)로부터 배운 것이다. 동파가 이르기를 먹이 진한 곳은 표면이요, 연한 곳은 뒷면이니, 이 법은 여가(與可)가 시작한 것이라 한다. 동파의 임죽(林竹)은 정(精)하다. 동파가 그린 고목지간(枯木枝幹)은 구불구불하고, 돌의 결은 단단하며 기괴(奇怪)하다."

동파가 화죽설(畵竹說)을 읊는다.

與可畵竹時　여가(與可)가 죽(竹)을 그릴 때
見竹不見人　죽(竹)만 보고 사람은 아니 본다.
豈獨不見人　어찌 사람만 아니 보겠는가.
喏然有其身　문득 자신도 잊는다.
其身如竹化　그 자신(自身)이 죽(竹)이 되나니
無窮出淸新　무궁(無窮)한 청신(淸新)이여!
莊周世無有　장자(莊子)가 지금 세상에 없으니
誰知此凝神　누가 지성(至誠)의 묘처(妙處)를 알겠는가?

* 야(喏) : 예, 읍(揖)

문동(文同)은 죽(竹)을 그리기 위해 대숲에 집을 지어 놓고 살며, 죽성(竹聲)을 들으며, 죽음(竹陰) 속을 거닐며 쉬다가 흥(興)이 일면 죽(竹)을 그렸다고 한다.

동파는 문(文)과 예(藝)는 배우고 익히며 묘절(妙絶)을 얻어야 한다고 한다. 동파의 문여가화죽설(文與可畵竹說)은 그림 배우는 이의 거울이다. 어찌 그림에 그치겠는가? 왕유(王維), 오도자(吳道子), 문동(文同)의 묘절(妙絶)을 동파를 통해서 보았다.

6. 속유설 俗遊說

속유설(俗遊說)이란 속사(俗士)의 소요설(逍遙說)을 말한다. 속사(俗士)들이 글줄[經書]이나 읽고 초서(草書)를 휘저어며, "공자(孔子) 장자(莊子)의 도(道)가 이런 것이다. 나는 이러히 소요(逍遙)한다."라 하며 허풍(虛風)떠는 무리들이, 예나 지금이나 도처(到處)에서 자시(自是), 자대(自大)하며 스승노릇을 한다. 한 때의 겨자씨만한 소견(所見)과 복력(福力)으로, 성인(聖人)의 도(道)에 분칠(糞漆)을 하는 것이다.

동파가 나무란다.

亡逍遙說

人生識字憂患始　인생식자우환시
姓名粗記可以休　성명조기가이휴
何用艸書夸神速　하용초서과신속
開卷惝怳令人愁　개권창황영인수
我嘗好之每自笑　아상호지매자소
君有此病何能瘳　군유차병하능추
自言其中有至樂　자언기중유지락

迪意無异逍遙遊　　적의무이소요유

* 창황(惝恍) : 머엉하다　추(瘳) : 나을　적(迪) : 나아갈　이(异) : 그만 둘 -

人生에 글줄이나 아는 것, 憂患의 시작
거칠게 이름자나 쓸 줄 알면 그만 둘 일.
어지러이 草書 배워 빨리쓰기 자랑하는가.
冊을 펴면 머엉하여 사람을 시름케 하네.
나도 일찍 좋아 했거니, 매번 웃는다네.
그대도 이 病이 있으니, 어찌하면 낫겠나.
글자랑 속에 至樂있다고 스스로 말하며
뜻대로 휘젓는 짓을 逍遙遊라 하누나.

소요유(逍遙遊)란 진심(眞心)을 밝혀, 항상(恒常)한 성성(惺惺)에 나아간 연후에, 거닐 수 있는 높은 경지이다. 동파의 문인 황정견은 낙학파(洛學派) 등이 소요(逍遙)를 읊조리는 것을 못마땅히 여겨 관인시(觀仁詩)를 짓는다.

그 내용을 설해하면,

"속견(俗見)으로 공자(孔子)의 인(仁)을 헤아리나 생각과 말마다 어긋나누나! 인(仁)이란 명성(明性=見性) 이후에 알게 되고, 안[知者] 연후에 이순(耳順)에서 인(仁)을 만나고, 종심(從心)에 합한 이후에야 인[仁者]과 함께 할 수 있는 것"

이란 뜻이다.

忘己路程
망 기 로 정

忘己路程序

동파(東坡)가 15세에 가친(家親) 소순(蘇洵)과 함께 장자(莊子)를 읽은 뒤, 소회(所懷)를 말한다. "제가 평소에 생각한 것을 말로 드러낼 수 없었는데 장자(莊子) 내7편(內七編)에 소롯이 들어있었습니다."[余平有見 不可吐言 今讀莊子內七編中 在素全矣]

19세에 장자(莊子)를 정독(精讀)하고 소철(蘇轍)에게 말한다.

> "나는 예전에 어떤 견해가 마음속에 있었는데, 입으로 그것을 표현할 수 없었다. 지금 장자(莊子)를 보고 내 마음을 알았다."[旣而讀莊子 謂然歎息曰 吾昔有見於中 口未能言 今見莊子 得吾心矣]

장자사상(莊子思想)이 청년기의 동파에게 영향을 주었던 것이다. 그러나 장자(莊子)의 종의(宗意)를 꿰어 본 것은 아니다. 장자(莊子)의 무심어세(無心於世), 무병자구(無病自灸), 무용지용(無用之用), 피출어시(彼出於是) 등의 난해처(難解處)에는 여전히 미회(未會)였다. 흉중(胸中)에 숙세(宿世)의 훈습(薰習)이 그윽하였기에 방외(方外)의 기미(機微)가 무의식(無意識) 중에 드러나는 것이라 하겠다.

28세에 왕팽(王彭)거사를 만나 오온개공(五蘊皆空), 대적무심(大寂無心) 등의 불가(佛家)의 요의(要義)를 배웠다. 왕팽(王彭)거사의 권유로 불경(佛經)을 즐겨 읽고, 선승(禪僧)을 찾으며, 묵좌(默坐)에 젖어 갔다. 26세에는 인생을 눈 위에 남긴 발자국이라 하더니 약 12년 뒤, 38세에는 인생은 아침이슬[晁露]이라 한다. 인생이 몽환(夢幻)임을 온 몸으로 느끼기 시작한 것이다. 38세까지의 불법공부는 대체로 사유(思惟)와 교학(教學)에 머물었다. 이때의 견해는 사상(思想)에 속하는 것이었다.

45세에 황주(黃州) 유배지에서 뼈저리게 반성(反省)한다. 지난 세월의 헛된 문명(文名)과 시비(是非)에 얽힌 삶을 -. 45세부터 온 힘을 다해 간경(看經)과 묵좌(默坐)에 든다.

47세에 약간의 견처(見處)가 열리고, 48세에 적벽부(赤壁賦)를 읊으며, 49세에 개오(開悟)하여 동림계성(東林溪聲)과 여산진면목(廬山眞面目)을 읊는다.

논어(論語) 중용(中庸) 노자(老子) 장자(莊子)의 종의(宗意)가 일시(一時)에 열리고, 맹자(孟子)의 미진처(未盡處)가 환히 보였다. 50세에 활연대오(豁然大悟)하여 무하유(無何有)와 세한인(歲寒人)을 읊는다.

이후, 59세부터 65세까지 7년간, 혜주(惠州), 담주(儋州)의 유배생활에서 담담자적(淡淡自適)하며 임성소요(任性逍遙)하였다. 유배에서 풀린 지 여덟 달 후, 66세에 하세(下世)한다.

동파선생(東坡先生)의 일생에 진실로 힘쓴 곳은 진심회복(眞心回復)과 성성소요(惺惺逍遙) 한 길 뿐이다. 진심(眞心)을 자득(自得)한 뒤에는 진심(眞心)을 잘 지키며, 오직 청정진심(淸淨眞心)이 성성(惺惺)하고자 했을 따름이다. 대저 상근수행자(上根修行者)의 삶은, 진심(眞心)을 열어 보인 기연(機緣)과 오도송(悟道頌) 등이 간략하게 전해올 뿐이어서, 공부(工夫)하는 과정의 족적(足迹)은 거의 알 수 없다.

동파선생의 낙구(落句)에서 공부과정을 저으기 볼 수 있어 다행이라 하겠다. 동파선생의 시(詩)와 약간의 산문(散文)에서 망세노정(忘世路程)을 더듬어 본 것이다. 배우거나 견주는 일은 뒷사람의 몫이다.

1. 사유 思惟

– 인생(人生)의 근원을 생각하며 길을 찾다. –

소동파(蘇東坡)는 15세에 인생에 대한 의문(疑問)을 품었다. 인생이란 어디서 와서 어디로 가는 것인가? 인생이란 그저 생(生)과 사(死)의 물결 따라 출렁이는 부평초(浮萍草)인가? 사생(死生)의 밖은 어떠한 것인가? 사생(死生)에 떠도는 원인(原因)은 무엇인가? 등의 의문이 꼬리를 물고 있었다.

도연명(陶淵明)의 글을 읽고는 명예를 추구하거나 권력에 아첨하여 입(口)의 풍족을 도모하기보다는, 그저 창자만 달래더라도 만족하는 소박한 농부의 삶, 즉 은일(隱逸)의 선비를 생각하였다. 도연명을 본받아 초야(草野)에 살 것을 소철(蘇轍)과 의논하였던 것이다.

19세에 장자(莊子)를 읽고 "무심(無心)으로 세상에 소요(逍遙)한다."[無心御世]의 말에 청유(淸遊)를 느낀다. 무심어세(無心御世)에는 그 대략을 짐작할 수 있었으나, 무위이화(無爲而化)의 도리는 막연했다. 구년 뒤, 28세에 왕팽(王彭)거사를 만나 불법을 배우고 난 뒤, 사상(思想)의 변화를 맞이한다. 인생의 근원에 대한 사유(思惟)는 가친(家親) 소순(蘇洵)의 영향이 있었으나, 대체로 흉중(胸中)에서 절로 그렇게 된 것이다. 동파는 숙세(宿世)의 달인(達人)이어서 애쓰지 않고도 흘러나온 것이리라.

과시(科試)에 나아간 것은 가친(家親)의 뜻이었다. 45세에 황주(黃州)에 유배된 뒤, 온 힘을 다해 간경(看經)과 묵좌(默坐)에 힘쓴다. 위법망구(爲道忘軀)의 간절(懇切)하고 순일(純一)한 정진(精進)으로 5년 뒤, 49세에 개오(開悟)한다. 개오한 연후에 장자의 무위이화(無爲而化)의 참맛에 거닐 수 있었다. 왕팽(王彭)거사에게 불법을 배운지 22년만의 결실이다. 소동파에게 새로운 인생이 펼쳐진 것이다.

2. 독문 讀聞

– 경(經)과 논(論)을 읽으며, 고덕(古德)의 지혜(智慧)를 배우고, 악지악견(惡知惡見)을 버리다. –

19세에 장자(莊子)를 읽고 "지금 장자를 보고 나의 마음을 알았다."[今見莊子 得吾心矣]라 했다. 49세에 계성산색(溪聲山色)을 읊고, 50세에 무하유(無何有)를 읊는다. 50세가 되어서, 마침내 장자(莊子)의 무하유(無何有)에 계합(契合)하여 장자의 마음과 하나가 됐던 것이다. 이전의 장자(莊子)에 대한 견해는 측지(測知)일 뿐이었다.

측지(側知)가 일어나고 31년 만에 장자(莊子)와 하나가 된 것이다. 전세(前世)의 정련(精鍊)이 있었더라도 위도망구(爲道忘軀)하여 간경묵좌(看經默坐)에 전일(專一)하지 아니하면 진심(眞心)을 밝히기 어렵다는 것을 소동파를 통해서 알 수 있다고 하겠다. 황주 유배 초에 방에 이름을 붙였는데, 사무사재(思無邪齋)이다. 동파가 말한다.

"공자 이르기를 '시삼백(詩三百)의 생각에 삿됨이 없다.'라 하는데, 대저 생각이 있다는 것은 다 삿되다는 것이다. 선(善)과 악(惡)이 한가지로 삿됨이 없다면 흙과 나무이다. 어찌하면 생각함이 있으면서도 삿된 생각이 없게 할 수 있으며, 생각함이 없으면서도 흙이나 나무가 아니게 할 수 있을까?"[孔子曰 詩三百思無邪 夫有思皆邪也 善惡同而無 邪則土木也 云 何 能使有思而無思 無思而非土木乎]

사무사(思無邪)는 공자의 종의(宗義)이다. 사무사(思無邪)는 생각에 칠정(七情)이 없다는 뜻이다. 사무사(思無邪)를 종의(宗義)라 계사(繫辭)함은, 역(易) 계사(繫辭)의 정위설(情僞說)과 적연부동설(寂然不動說)에 근거한다.

사무사(思無邪)란 칠정(七情)없이 생각하는 것이다. 칠정(七情)이란 범부의 감정(感情) 즉 마음의 총칭(總稱)이다. 범부는 칠정(七情)을 자신의 고유(固有)한 마음으로 삼는 것이다. 범부들은 '어찌 생각에 칠정(七情)이 없을 수 있는가? 칠정도 본성(本性)이다.'라 하며 본성(本性)을 본연지성(本然之性)과 기질지성(氣質之性)으로 나눈다. 본성을 둘로 나눈 것이다. 공자의 일이관지(一以貫之)를 알지 못한 정주(程朱)의 소견(所見)인 것이다.

공자의 도(道)는 사무사(思無邪)로 일이관지(一以貫之)하는 것이다. 기질지성(氣質之性)이란 칠정, 즉 정(情)일 뿐이다. 이성(二性)을 주장하는 이가 바로 정주(程朱)이다.

주희(朱熹)는 고집이 세어서 육상산(陸象山)이 억견을 고쳐 주고자 했으나 듣지 않았다. 이성(二性)을 주장하는 이는 공문(孔

門)의 이단(異端)일 뿐이다. 육상산은 약간의 견해(測知)가 있었다. 육상산의 말에 "육경아주(六經我注) 아주육경(我注六經)"라 함에서 그가 지견(知見)이 열린 것을 알 수 있다. 주희는 정이(程頤)를 조종(祖宗)으로 생각한다. 그러나 정이는 생각이 고루하여 공자의 사무사(思無邪)에 대한 견해는 밝지 못했다. 그런 까닭으로 정이의 견해를 동파가 인정하지 않았던 것이다. 그런 여파로 촉학파(蜀學派)와 낙학파(洛學派)의 대립이 있게 된 것이다.

공문(孔門)은 무사(無思)를 종지(宗旨)로 삼는다. 그러므로 사무사(思無邪)를 밝히 알지 못하면 공자를 따르나 문 밖에 있는 자이다. 공자의 가르침을 요약하면,

不惑爲始 불혹위시
無思爲宗 무사위종
從心爲上 종심위상
無爲爲本 무위위본

위의 넷이다. 즉,

불혹(不惑)을 도심(道心)을 여는 처음으로 삼고,
무사(無思)를 도심(道心)에 거니는 종지(宗旨)로 삼으며,
종심(從心)을 도심(道心)에 소요하는 경지로 삼으며,
무위(無爲)를 성인의 인(仁)을 나투는 경지로 삼는다.

공문(孔門)의 도학(道學)은 불혹(不惑), 무사(無思), 종심(從心), 무위(無爲) 밖에 다른 가르침은 있지 아니하다. 만약 이 밖을 논한다면 공문(孔門)의 하열난적(下劣亂賊)일 따름이다.

여기서 불혹(不惑)이란 지견(知見)으로, 인심(人心)과 도심(道心)에 미혹(迷惑)하지 아니함을 가리킨다. 불혹(不惑) 이후에는 오직 도심(道心)의 성성(惺惺)함만을 가리키고 설명한다. 고로 중용(中庸)에 "성즉명(誠則明)이요 명즉성(明則誠)이라"한 것이다.

동파의 사무사(思無邪)에 대한 의문은 45세에도 계속됐으나, 49세에 사무사(思無邪)의 본의(本義)에 계합(契合)하여 지자가 되고, 50세에 인자(仁者)에 서게 된다. 세상에 우뚝한 절세(絶世)의 고사(高士)가 45세에도 사무사(思無邪)의 본의를 알지 못해 고뇌하는 모습을 보인 것이다.

동파가 말한다.

> "불가(佛家)에 몸을 맡기면, 불가 경전(經典)과 논(論)을 다 밝히어, 삿된 생각 없는 마음(無所邪心)으로 여래(如來)의 뜻에 합할 수 있을까? 지금까지 소득(所得)이 없으나, 반드시 자득(自得)하고자 한다."[託於佛僧之宇 盡發其書 以無所邪心會如來意 庶幾於無所得故而得者]

동파의 뜻이 불가(佛家) 경전(經典)의 종의(宗義)를 모두 밝히는데 있다고 한다. 동파는 독서(讀書)와 묵좌(默坐)에 온 몸을 던진 것이다. 또 읊는다.

中年添聞道　中年에 들어 황공히도 佛道에 들어
夢幻講已祥　情念夢幻說을 이미 자세히 들었으나
儲藥如丘山　약재(佛經)를 산더미처럼 쌓아 놓고
臨病更求方　病이 들면 또 處方을 찾는다.
仍將恩愛刀　여전히 恩惠와 사랑의 칼날로
割此衰老腸　이 老衰한 창자를 자르고 있구나.
知迷欲自反　돌이켜보아 迷惑하여 이런 줄 알겠거니
一慟送餘傷　한바탕 울고, 묵은 情念을 쉬고자 한다.

* 餘傷 : 묵은 칠정(七情). 지난 세월의 칠정파도에 남은 傷痕.

위의 시는 47세에 읊었다. 동파는 평생을 독서하며 배우고 익힌다. 중년(中年)공부설은 왕유(王維,699~759)에게도 보인다. 왕유는 하택신회(荷澤神會, 685~760)선사의 문인으로 중년에 개오(開悟)한다. 하택(荷澤)은 육조대사(六祖大師)의 다섯 고제(高弟) 중의 한 분이다. 왕유의 종남별업(終南別業)을 본다.

中歲頗好道　중년에야 자못 佛道를 좋아하였으이
晩家南山陲　늘그막에 남산 기슭에 오두막을 지었네.
興來每獨往　흥 일면 홀로 나서나니
勝事空自知　즐거운 일은, 공(空)을 깨달았음이라.
行到水窮處　개울물 다한 곳에 이르러

坐看雲起時　앉아서 구름 이는 것 보노라.
偶然値林叟　우연히 숲 속의 노인 만나
談笑無還期　더불어 담소하며 돌아갈 줄 몰라라.

* 頗자못 파, 値 만나다 치

소동파가 왕유(王維)를 동도동경(同道同境)이라 평한다.

> "왕마힐(王摩詰)은 노성(老成)한 시인이다. 그의 시(詩) 속에 그림이 있고, 그림 속에 시(詩)가 있다. 나와 왕마힐(王摩詰) 사이에는 옷깃의 간격(間隔)도 없다."

왕유(王維)는 중년에 불도(佛道)를 좋아하여, 즐거운 일은 "공(空)을 깨달았음"[中歲頗好道 勝事空自知]이라 한다. 동파(東坡)가 이 구절을 엿본 것이다.

동파(東坡)와 마힐(摩詰)의 중년공부설의 다른 점은, 동파(東坡)는 미혹(迷惑)의 원인을 보고 응심부동(凝心不動)에 들었으나, 마힐(摩詰)은 개오(開悟)하여 소요문(逍遙門)에 든 것이다. 약간의 선후(先後)가 있으나, 필경에 이른 경지가 다르지 아니하므로 동도동경(同道同境)이라 한 것이다.

3. 정관 靜觀

- 묵묵(默默)히 앉아, 고요히 관(觀)하다. -

동파거사가 문득 진심(眞心)에 계합(契合)했으나, 남은 삼세육추(三細六麤)를 가름하고, 번뇌(煩惱)를 말끔히 소제(掃除)할 것을 다짐한다. 지견(知見)이 밝아짐에 취(醉)하지 않고 청풍소요(淸風逍遙)를 말한다.

> "밤에 동파(東坡)에서 술을 마시니 깨어선 또 취(醉)하고, 취(醉)해선 또 깨었네. 돌아와 보니 밤은 삼경(三更), 집 안에 아이, 코고는 소리는 우레 같은데, 문을 두드려도 답이 없네. 지팡이에 기대어 강물소리를 듣는다. 늘상 한스럽기는 이 몸이 내 소유(所有) 아닌 것, 언제 쯔음 번뇌(煩惱)로 허우적이는 것을 벗을까? 밤은 깊고 인적 드문 데, 맑은 바람 불어 잔물결 무늬 평평하구나. 작은 배 타고 여기를 떠나, 산수(山水)에 거닐며 여생(餘生)을 보내는 것도 좋으리라."

지팡이에 기대어 강물소리 듣다가 천망지견(天網知見)이 열렸다. 그러나 동파는 지견(知見)을 구함에 족하게 하는 것이 아니요, 활연대오(豁然大悟)가 목표이다. 지견(知見)의 선지(禪旨)는 젊은 날에 그 대략이 흉중(胸中)에 있다가, 오늘 밤 삼경(三更)에 강물소리 듣다가 홀연 정념(情念)의 자취가 없어지고, 진심(眞心)이 드러남을 보았던 것이다.

대개의 선자(禪子)는 지견(知見)으로 선지(禪旨)를 삼는다. 그리하여 선문(禪門)에도 공부가 지견선사(知見禪師)에 그치는 경우가 허다(許多)하다. 그러나 동파는 지견(知見)으로는 삼세육추(三細六麤)가 지워지지 않는 것을 밝히 안다. 전세(前世)에 여러 번 개오(開悟)하고 또 퇴굴(退屈)하였기 때문이다. 그러기에 독실(篤實)하게 남은 번뇌(煩惱)를 씻기를 다짐하는 것이다. 삼세(三細)는 근본무명(根本無明)과 능소심(能所心)이요, 육추(六麤)란 거친 마음씨의 여섯 조목이다.

묵좌(默坐)에 힘쓰나 공부(工夫)가 뜻대로 되지 않는 것이다. 49세에 공부에 크게 나아감이 있었다. 5년을 한결같이 공부에 힘쓴 후, 득력(得力)하여 소동파가 이른다.

> "황주성 남쪽에 정사(精舍)가 있는데 안국사(安國寺)라 한다. 울창한 숲과 우거진 대나무 속에 연못과 정자(亭子)가 있다. 하루 이틀 간격으로 찾아가 향(香)을 피우고 고요히 앉아 깊이 성찰(省察)하여, 사물과 내가 서로 잊어, 몸과 마음이 비었음을 알았다. 죄와 허물이 생겨난 곳을 구하려 해도 찾을 수가 없었다. 일념(一念)이 청정(淸淨)하니 오염된 인식(認識)이 절로 없어지고, 안팎으로 소연(消然)하여 능소(能所)가

없다. 홀로 슬며시 즐거워하며, 아침에 절에 가서 저녁에 돌아오는 것이 이제 5년이 되었다."

[得城南精舍曰安國寺 有蕪林鬱竹陂池亭榭 間一二日 和焚香默坐深自省察 則物我相忘身心皆空 求罪垢所 從生而不可得 一念淸淨 染汚自落 表裏消然 無所附麗 私竊樂之 旦往而暮還者 五年於此矣.]

* 附麗(부려) : 기대어 能(主)과 所(客)의 짝을 짓다. 범부는 망령된 아[妄我]로써 경계(境界)를 두므로 마음과 경계의 능소[主客]가 나는 것이다.

동파의 득력경지(得力境地)를 엿본다.

焚香默坐　향을 사르고 묵묵히 좌선(坐禪)하여
深自省察　스스로를 깊이 성찰(省察)하였네.
物我相忘　사물(事物)과 내[我]가 서로 잊었거니
身心皆空　몸과 마음이 모두 비었어라.
一念淸淨　일념(一念)이 청정(淸淨)하니
汚染自落　오염된 인식(認識)이 절로 없어지고,
表裏消然　안팎으로 소연(消然)하여
無所附麗　능소(能所)짓는 바 없네.

4. 반조 返照

– 돌이켜 비추어, 진심(眞心)에 계합(契合)하다. –

49세 1084년, 동림상총(東林常總)선사를 찾아뵙고, 무정설법(無情說法)을 듣는다. 다음 날 아침, 호계(虎溪)의 폭포소리를 듣자마자, 자성(自性)에 회광반조(回光返照)하여 개오(開悟)한다. 동파의 개오송(開悟頌)이다.

溪聲便是廣長舌　溪谷의 물소리는 佛의 항상한 說法이요.
山色豈非清淨身　산빛이 어찌 清淨法身이 아니리오.
夜來八萬四千偈　迷할제, 팔만사천 偈頌을 두나니
後日與何擧似人　뒷날의 工夫人에게 [모습 없는] 이 消息을 어떻게 들어 보일 것가.

5. 자득 自得

- 진심(眞心)을 밝히다. -

청원유신(靑原惟信)선사가 말하였다.

"노승(老僧)이 30년 전에, 참선(參禪)을 하지 않았을 때에는, 산을 보니 산이요, 물을 보니 물이었다.(見山是山 見水是水) 얼마 지난 뒤, 친히 선지식(善知識)을 뵙고, 약간의 입처(入處)가 있었을 때, 산을 보니 산이 아니요, 물을 보니 물이 아니었다.(見山不是山 見水不是水) 그러나 지금은 망심(妄心)을 쉬고 쉬는 공부(休歇處)에 힘을 얻어서, 전과 같이 산을 보니 다만 산이요. 물을 보니 다만 물이더라.(見山只是山 見水只是水)"

[老僧三十年前 未參禪時 見山是山 見水是水 及至後來 親見知識 有個入處 見山 不是山 見水不是水 而今得個休歇處 依前 見山只是山 見水只是水]

청원(靑原)선사의 삼처(三處)를 살펴본다.

미참선시(未參禪時)에 '산을 보니 산이요, 물을 보니 물'[見山是山 見水是水]의 견해는 범부(凡夫)시절의 미혹(迷惑)된 인식(認識)으로 학습(學習)한 지식이다.

선지식(善知識)을 친견 후에 공리(空理)를 통해하여 '산을 보니 산이 아니요, 물을 보니 물이 아니다.'[見山不是山 見水不是水]라 한 것은 칠정몽환설(七情夢幻說)을 자세히 배우고, 정좌(靜坐)의 공효(功效)가 생긴 이후, 온통 공견(空見)에 젖은 때의 견해이다.

'산을 보니 다만 산이요, 물을 보니 다만 물'[見山只是山 見水只是水]의 견처(見處)는 진심이 현현(顯現)하여 망심(妄心)이 환(幻)임을 증득(證得)한 후, 망심휴헐처(妄心休歇處)에 거처하는 것이다. 휴헐(休歇)이 익으면 자연히 성성(惺惺)에 하게 된다. 진심(眞心)이 성성(惺惺)하여 '있는 그대로'를 '있는 그대로'보고 들을 뿐, 다른 일과 수행(修行)을 두지 않는 경지이다.

자득(自得) 이후의 공부는 휴헐(休歇) 또 휴헐(休歇)하여 보임(保任)할 뿐, 다른 수행은 두지 아니한다. 청원(靑原)선사가 자신의 공부과정을 삼처(三處)로 나누어서 설명한 것이다. 동파거사가 읊는다.

浪蕊浮花不辨春　　낭예부화불변춘
歸來方識歲寒人　　귀래방지세한인
回頭自笑風波地　　회두자소풍파지
閉眼聊觀夢幻身　　폐안료관몽환신

* 夢幻身 : 묵은 정념의 번뇌. 본래면목을 밝혀 알기 전의 상태.

흔들리는 꽃술에 취해, 봄을 보지 못하고

돌아와서 비로소 본래면목(本來面目) 알았네.
생각하며 웃노라 풍파(風波) 겪은 자리
눈 감고 오롯이 몽환신(夢幻身)을 보나니.

동파가 51세에 본래면목(本來面目)을 확철(確徹)히 밝힌 것이다. 자득(自得)이란 진심(眞心)이 진심(眞心)을 만난 것이라, 실은 만남 아닌 만남이다. 그러나 허공(虛空)이 허공(虛空)을 만나는 것이 아니듯, 어찌 진심(眞心)이 진심(眞心)을 만나는 이치가 있겠는가? 이 만남은 만남 아닌 만남이라 해 두자. 다만 진심(眞心)이 드러나면, 분명하게 망심(妄心)이 본래 환(幻)인 줄 아는 것이다.

그러므로 진심(眞心)이 드러난 연후에 공도리(空道理)를 알아 마치는 것이다. 하선자(下禪者)와 세속의 학자가 공리(空理)를 요달(了達)했다고 목소리를 높이는 것은 모두다 공리(空理)를 편각(片覺)으로 추리(推理)한 것에 다름 아니다.

6. 회냉 灰冷

– 온갖 심념(妄心)이 찬 재[冷灰]와 같이 되다. –

世事子如何　세사자여하
禪心久空寂　선심구공적
世間出世間　세간출세간
此道無兩得　차도무양득
故應入枯槀　고응입고고
習氣要除拂　습기요제불

세상 일, 그대는 어떻게 보는가.
선심(禪心)은 영원히 공적(空寂)하다네.
세간(世間)이든 출세간(出世間)이든
이 도(道)는 어느 쪽에도 속하지 아니하네.
그런고로 응당 고목(枯木)처럼 정념(情念)을 쉬어서
정념(情念)의 버릇을 모다 떨어내야 한다네.

동파 60세에 오자야(吳子野)에게 준 시(詩)이다. 죽은 나무(枯木)에는 생기(生氣)가 없다. 생기(生氣) 없는 나무는 다시 살아나지 못한다. 칠정(七情)이 죽은 나무와 같이 살아날 수 없어야 공부가 온전히 자기를 회복한 것이다.

정념(情念)을 즐거이 쓰면서 도(道)를 배운다는 것은, 모래로 써 밥을 지으려는 것과 같다.

7. 일로 一路

– 도심(道心)을 오롯이 하여, 대적(大寂)을 향하다. –

동파(東坡)거사가 62세에 읊는다.

泥洹尙一路　　니원상일로
所向餘皆窮　　소향여개궁

* 니원(泥洹) : 니르바나 즉 열반(涅槃)의 음사(音寫)이다.

열반대적(涅槃大寂) 한 길만을 숭상하나니
그 향(向)하는 바에 온 힘을 다한다네.

고사(高士)의 해맑은 행로(行路)는 개오(開悟) 이후에 오직 성성(惺惺)만을 귀하게 여긴다. 성성(惺惺)의 공부길은 필(必)과 고(固)을 여의고, 배려(配慮)와 양보(讓步)와 관조(觀照)로 나타나고, 그 내용은 무연(無緣)의 지(知)로써 세상 속에서 세상 밖을 소요(逍遙)하는 것이다.

사족(蛇足)을 붙여 설명하자면 성성(惺惺)공부인의 세계는 눈앞에 별세계(別世界)가 펼쳐져 있는 것이다. 이 세계는 미혹(迷惑)한 사유(思惟)와 안목(眼目)으로 헤아려 닿을 수 없고 만날 수

도 없다.

필(必)과 고(固)는 공자의 절사설(絶四說) 중의 둘이다. 절사(絶四)란 무의(無意) 무아(無我) 무필(無必) 무고(無固)이다. 무의(無意)란 본래무정(本來無情)이요, 무아(無我)는 무의(無意)를 자득(自得)하면 나아가는 경지요, 무필(無必) 무고(無固)는 무아(無我)의 경지가 익으면 드러나는 경지이다.

누가 있어 자기(自己)의 성(性)을 밝히지 아니하고서 공자의 절사(絶四)를 알려고 하는가? 누가 있어 공자의 절사설(絶四說)이 공지(孔旨)의 본령(本領)이 아니라고 하는가? 천학말사(淺學末士)들이 절사설(絶四說)을 외면하거나 괴이(怪異)하게 해설하며 가벼이 하는 것이다.

8. 미언 微言

동파는 거사(居士)인지라 학인(學人)을 제접하지 아니한다. 그런 까닭에 공부(工夫)의 미묘(微妙)한 곳에 대한 글을 찾기 어렵다. 공부하는 이를 낚아 올리는 기량(技倆)을 드러내기보다는 자신의 심처(深處)를 시(詩)로 읊어 보이는 것이다. 마음[道心]공부 길에는,

修行方法說　수행방법설
動念卽乖說　동념즉괴설
念起卽覺說　염기즉각설
無心效用說　무심효용설
悟後修行說　오후수행설

등이 기다리고 있다. 선(禪)과 교(敎)를 회통(會通)한 대력선사(大力禪師)들은 직설(直說)을 펴나, 대개의 선사(禪師)들은 자세히 설하지 않고 종지(宗旨)를 들어 질문을 한다.

동파는 거사라 혹 문장으로 토(吐)하고, 또 은근히 선(禪)의 대요(大要)를 시구(詩句)로써 토(吐)해내는 것이다.

뒷날의 선객(禪客)에 의하면, 동파의 설리시(說理詩)에 힘입은

바 크다고 하는 이가, 지나(支那)와 동국(東國)에 허다하다. 동파의 설리시(說理詩)에는 군더더기 없이 밝고도 은미(隱微)하게 지요(指要)가 드러나 있다. 후래(後來)의 수많은 청사(淸士)가 뒤따르며, 동파의 견처(見處)를 읽고, 자기(自己)를 넓히어 밝히며, 동파를 존모(尊慕)한다. 동파가 이르는 지요(指要)를 찾아내어, 동락(同樂)하는 것은 동파의 문(文)과 시(詩)를 읽는 독자(讀者)의 몫이다.

方外詩
방 외 시

1. 수여월호 水與月乎, 前赤壁賦

客亦知夫水與月乎	객역지부수여월호
逝者如斯	서자여사
而未嘗往也	이미상왕야
盈虛者如彼	영허자여피
而卒莫消長也	이졸막소장야
盖將自其變者而觀之	개장자기변자이관지
則天地 曾不能以一瞬	즉천지 증불능이일순
自其不變者而觀之	자기불변자이관지
則物與我 皆無盡也	즉물여아 개무진야

객(客)도 또한 저 강물과 달을 듣는가?
가는 것은 이와 같지만
일찍이 가버린 적 없으며,
차고 비는 것이 저와 같지만
마침내 사라지거나 커지는 일이 없다.
대저 장차 그 변(變)하는 이치로부터 이를 본다면
곧 천지(天地)도 일찍이 한 순간도 그대로 일 수 없고,
그 변(變)하지 않는 이치로 이를 본다면
물(物)과 아(我)가 다함이 없음이라.

以又何羨乎	이우하선호
惟江上之淸風	유강상지청풍
與山間之明月	여산한지명월
耳得之而爲聲	이득지이위성
目寓之成色	목우지성색
取之無禁	취지무금
用之不竭	용지불갈
是造物者之無盡藏也	시조물자지무진장야
而吾與子之所共樂	이오여자지소공락

또 무엇을 부러워하겠는가.
오직 강(江) 위의 맑은 바람과
산(山) 사이의 밝은 달만은
귀[耳]는 이것을 들어서 소리를 삼고,
눈[目]은 이것을 만나 빛을 이루나니
이것을 취해도 금(禁)함이 없고
이것을 써도 다함이 없다네.
이는 청정광명[造物者]의 무진장(無盡藏)이요,
나와 그대가 더불어 즐길 바이다.

三碧解

동파 48세 1083년 作이다.

적벽부(赤壁賦)는 개오(開悟) 일 년 전의 측지소견(測知所見)이다. 황주(黃州)에 폄적(貶謫)된 지난 4년간의 간경(看經)과 묵좌(默坐)의 공효가, 반야(般若)의 이(理)를 통해(通解)한 것이다.

반야(般若)는 지혜(智慧)요, 도(道)요, 청정광명(淸淨光明)이요, 참나이다. 불변의 반야(般若)란 바로 범부의 도심(道心)이다. 고로 반야는 바로 자기(自己)인 것이다.

논어(論語)의 서수(逝水)를 불생불멸(不生不滅)의 이(理)라 하고, 달이 차고 이지러지는 모습을 보이는 그 근본은 부증불감(不曾不減)이라 하며, 하늘과 땅이 늘 모습이 변화하나 근원은 변화에 속하지 않음[變而不變]을 밝혔다.

승조(僧肇 383~414)대사의 물불천론(物不遷論)과 통한다.

물불천론에 이른다.

> "변천(變遷)하지 않기 때문에 가 버리면서도 항상 고요하고, 머물러 있지 않기 때문에 고요하면서도 항상 가버리는 것이다."

> "회오리바람이 산을 무너뜨려도 항상히 고요하고, 강물은 다투어 흘러도 흐르지 않으며, 아지랑이는 아스라이 피어나도 움직이는 것이 아니며, 해와 달이 허공을 지나가도 달려 나간 것이 아니다."

물불천론(物不遷論)이란 사물(事物)은 늘 모습이 변(變)하나 변(變)하는 것이 아니요. 모습이 변(變)하는 그대로 불변(不變)이라는 설(說)이다. 또한 선리(禪理)의 종의(宗義)인 무념(無念)을 드러낸다. 무정풍월(無情風月), 무정지문(無情之聞)을 간결히 읊고 본래구족(本來具足)한 참마음[眞心]이 나와 그대가 더불어 즐길 바라 한다.

세상에는 적벽부(赤壁賦)가 고금(古今)에 우뚝하다는 말이 흐르는데, 헛소문이 아니다. 시(詩)의 철리(哲理)가 유정(有情)의 밖을 거닌다. 그러나 그 통해(通解)가 지해(知解)의 구건(垢愆)이 남아, 참마음[眞心]이 두렷 드러나지 아니한다. 뒷날, 동파가 말한다.

> "조물주(造物主)는 반드시 태공(太空)에 돌아가고, 태공(太空)은 사람 사람의 본래(本來)의 마음이다."
> [造物歸之太空, 太空者人人之本心也]

장자(莊子)에 이른다.

> "허공(虛空)은 나와 함께 생겨났으며, 만물(萬物)과 나[我]는 하나이다."
> [天地與我竝生 萬物與我爲一]

정명도(程明道)가 개용(改用)한다.

> "허공(虛空)은 나와 한 뿌리요, 만물(萬物)은 나와 한 몸이다."
> [天地與我同根 萬物與我一體]

또 왕수인(王守仁)이 이른다.

> "성인의 마음은 천지만물과 더불어 한 몸이다."
> [聖人之心 與天地萬物一體]

적벽부(赤壁賦) 읊기 이년 전, 동파 46세에, 간경(看經)과 정좌(靜坐)에 오롯 힘쓰나 소득이 없으매 탄식하여 이른다.

"아아 늙었구나! 몇 년의 여가를 얻어 불가(佛家)에 의탁하여 불전(佛典)을 다 밝히어, 생각에 삿됨이 없는 마음으로 여래(如來)의 뜻에 합할 수 있을까? 아직 소득이 없으나 자득하기를 바란다. 황주에 적거(謫居)하여 일 년 내내 일이 없는지라 이 뜻을 행할 수 있을 것 같다. 그러나 황주의 절에는 이렇다 할 경장(經藏)이 없다."
[嗚呼 吾老矣 安得數年之暇 託於佛僧之宇 盡發其書 以無所邪心會如來意 庶幾於無所得故而得者 謫居黃州 終世無事 宜若得行其志 而黃州之僧舍無所謂經藏者]

동파가 이년 전에는,

"생각에 삿됨이 없는 마음[思無邪之心]으로 여래(如來)의 뜻에 합할 수 있을까?"

하며 공부길의 요원함을 토로(吐露)했으나, 이년간 무념(無念)에 거처한 무형(無形)의 공(功)으로, 은근히 무사지득(無思之得)에 합(合)하고, 불면이중(不勉而中)에 나아갔음을 적벽부(赤壁賦)에 슬며시 드러낸 것이다. 그러나 아직은 진심(眞心)을 통해(通解)하는 지견(知見)에 머문다고 하겠다.

2. 동파비장성 東坡枇杖聲

雨洗東坡月色淸　우세동파월색청
市人行盡野人行　시인행진야인행
莫厭犖确坡頭路　막염락학파두로
自愛鏗然枇杖聲　자애경연비장성

비에 씻은 동파(東坡), 달빛 맑고 맑으이
도시 사람 떠나고 촌사람만 보이네.
소 끌어 자갈땅 일구며, 언덕길 싫어 않으이
태공(太空)에 지팡이 끄는 소리, 홀로 좋아 하노라.

* 犖(락) : 얼룩소　确(학) : 자갈땅

三碧解

48세 1083년 作이다.

비장성(枇杖聲)이란 '지팡이 끄는 소리'이다. 소동파(蘇東坡)는 태공심(太空心)에 비치는 '지팡이 끄는 소리'를 듣는다. 다만 들을 뿐이다.

동파는 다만 듣고, 다만 보는 것의 즐거움을 안다. 이 즐거움은 정념(情念)이 닿지 않아, 방외(方外)의 지락(至樂)이라 한다. 장자(莊子)는 무심소요(無心逍遙)라 하고, 선가(禪家)는 적연무위(寂然無爲)라 한다.

이즈음 동파는 때때로 정념(情念)이 절로 쉬어, 있는 그대로의 산(山)과 강(江)과 나무[木]가 보이고, 지팡이 끄는 소리가 있는 그대로 들리기 시작한 것이다. 동파의 공부(工夫)가 참다이 익어가는 것이다.

비장성(枇杖聲)과 경지를 나란히 하는 왕유(王維)의 향적사(香積寺)를 본다.

不知香積寺　길 모른 채, 향적사 찾다가
數里入雲峯　몇 리를 걸어 구름 깊은 봉우리에 들었네.
古木無人逕　고목 속으로 길은 사라졌는데
深山何處鐘　깊은 산속 어디선가 종소리 들려오네.
泉聲煙危石　샘 소리는 괴석에 부딛쳐 해맑게 피어나고
日色冷青松　햇빛은 솔숲에 차갑게 빛나네.
薄暮空潭曲　해질녘 고요한 연못가에 앉아
安禪制毒龍　선정(禪定)에 들어 번뇌를 지운다.

* 逕(경) : 좁은 길　薄(박) : 담박하다.

왕유(王維)는 구름 깊은 산중(山中) 어디선가 들리는 종(鐘)소리를 듣고, 홀연히 언어와 모습을 쉬고, 탁연(卓然)히 자성(自性)에 계합(契合)한 것이다.

향적사(香積寺)는 동파(東坡)가 유일(惟一)하게 존숭(尊崇)하는 시인(詩人)의 개오송(開悟頌)이다. 왕유는 이통현(李通玄)과 더불어 당(唐) 제일의 고사(高士)이다. 그 뒤에 이습지(李習之)와 장졸(張拙)이 있다고 할 것이다.

3. 황주석양 黃州夕陽

久厭勞生能幾日　구염노생능기일
莫將歸思憂衰年　막장귀사우쇠년
片雲會得無心否　편운회득무심부
南北東西只一天　남북동서지일천

오랜 세월 힘든 인생, 몇 날이나 남았는가.
고향 생각으로 저무는 풍광(風光)을 어지러이 말게나.
조각구름은 무심(無心)으로 노닐지 아니한가!
남북과 동서가 다만 한 허공(虛空)이라네.

三碧解

동파 49세 1083년 作이다.

3구와 4구의 조각구름(片雲)과 허공(虛空)은 이치가 분명하다. 선악(善惡)과 사생(死生)의 밖에 하나의 허공(虛空)이 있을 뿐이다. 여기서 밖이란 사유와 인식을 벗은 진면목을 의미한다. 이즈음 동파는 응심부동(凝心不動)하여 깊은 삼매(三昧)에 든 지, 수년이 되었다. 동파가 이른다.

"황주성 남쪽에 정사(精舍)가 있는데 안국사(安國寺)라 한다. 울창한 숲과 우거진 대나무 속에 연못과 정자(亭子)가 있다. 하루 이틀 간격으로 찾아가 향(香)을 피우고 고요히 앉아 깊이 성찰(省察)하여, 나(我)와 사물(物)이 서로 잊고, 몸(身)과 마음(心)이 빈(空) 것을 알았다. 죄와 허물이 생겨난 곳을 구하려 해도 찾을 수가 없었다. 일념(一念)이 청정(淸淨)하니 더러움이 절로 없어지고, 안팎으로 소연(消然)하여 능소(能所)가 없다. 홀로 슬며시 즐거워하며, 아침에 절에 가서 저녁에 돌아오는 것이 이제 5년이 되었다." [得城南精舍曰安國寺 有蕪林鬱竹陂池亭榭 間一二日 和焚香默坐 深自省察 則物我相忘 身心皆空 求罪垢所從生 而不可得 一念淸淨 染汚自落表裏消然 無所附麗 私竊樂之 旦往而暮還者 五年於此矣]

동파의 물아상망(物我相忘)에는 약간의 허물이 있다. 범부가 스스로 망심(妄心)에 머무는 바가 있으므로 경계(境界)를 두는 것이다. 범부가 미(迷)한 까닭은 스스로의 망심(妄心)에 속아 망아(忘我)를 지음으로써 사물(事物)에 그 의(意)를 미루는 것이다. 심경양망(心境兩忘)이라 해야 도(道)에 가까운 설해이다. 심경양망(心境兩忘)이란 마음과 경계를 모두 쉬어 잊은 것이다. 반드시 이러해야 망심(妄心)이 환(幻)임을 적견(的見)하여 확인한 것이라 할 수 있다. 망심(妄心)이 환(幻)인 줄 알면 경계(境界)는 없다. 다시 망심과 경계라 할 것 없는 것이다. 망심과 경계가 본래 없음을 확인한 대력보살의 설해가 공(空)이란 친절한 가르침을 낳은 것이다.

부려(附麗)란 기대어 짝짓다. 능소(能所)의 뜻이다. 부려(附麗)를 맺이다. 집착하다. - 로 해석해도 비슷하다. 아(我)와 경계(境界)가 짝짓는 것은 맺은 바가 있기 때문이며, 맺은 바는 집착이다. 집착이 있는 까닭은 망아(妄我)의 습식(習識)이 경계(境界)를 두기 때문이다. 아(我) 즉 망아(妄我)가 환(幻)임을 알면, 아(我)와 경계(境界)가 모두 없는 것이다.

위의 산문으로 동파의 공부가 차츰 익어가는 것을 엿볼 수 있다. 참 공부에 나아간 이의 대개가 이러한 과정(過程)을 거쳐 밝아지는 것이다.

4. 동림계성 東林溪聲

溪聲便是廣長舌　계성변시광장설
山色豈非淸淨身　산색기비청정신
夜來八萬四千偈　야래팔만사천게
他日如何擧似人　타일여하거사인

계곡(溪谷)의 물소리는 불(佛)의 항상한 설법이요,
산 빛이 어찌 청정(淸淨)한 법신(法身)이 아니랴!
미혹(迷惑)할 제, 팔만사천 게송(偈頌)을 두나니
[모습 없는 이 소식] 뒷날의 세재(世才)에게 어찌 전할고.

三碧解

동림계성(東林溪聲)은 소동파(蘇東坡) 오도송(悟道頌) 삼편 중의 첫 시(詩)이다. 동파가 게송(偈頌)을 읊어 동림상총(東林常總) 장노(長老)에게 올렸다. 1086년 동파 49세에 동림계성(東林溪聲)이 홀연히 태어난 것이다. 지금 세상에도 곳곳의 산사(山寺)에 주련(柱聯)으로 꿈틀거린다.

동림계성(東林溪聲)이 다른 오도송(悟道頌)과 달리 세상의 정인(定

印)이 되는 까닭은, 그 출처(出處)가 뚜렷하기 때문이다. 출처란 동파 전세(前世) 칠백년(七百年)의 그림자거라, 공부를 짓고 깨며, 다시 미혹(迷惑)하고 또 깨어 성성(惺惺)하게 되는 과정을 드러낸 것이기 때문이다.

그리고 동파의 공부길의 난관(難關)과 도반(道伴)과 외호신장(外護神將)과 묵언(默言)과 괴각로(乖角路) 등을 적나라(赤裸裸)하게 보여주기 때문이다. 광장설(廣長舌)의 출처는 법화경(法華經) 신력품(神力品)이다.

3구 야래팔만사천게(夜來八萬四千偈)의 해석이 쉽지 않아, 뒷날 학자(學者)들의 식견(識見)따라 구구(劬劬)하다.

'밤중에 팔만사천 게송을 배웠네.'
'지난밤에 팔만사천 게송을 꿰뚫었네.'
'밤이 되자 팔만사천 게송이 들리는데'
'밤이 되자 팔만사천의 게송을 설하니'
'밤사이 팔만사천 게송 있으니'

등이다.

불법(佛法)이란 홀로 세워진 것이 아니다. 범부(凡夫)에게 망심(妄心)이 있는 까닭에 불법이 건립(建立)된 것이다. 이런 까닭으로 불법을 응병여약(應病與藥)이라 한다. 병(病)이 없으면 약(藥)을 어디에 쓰겠는가?

범부의 참마음[眞心]은 정(情)에 가려져 있으므로, 가련(可憐)하게도 망심(妄心)에 가려져 인생을 지어가는 것이다. 정(情)은 망심(妄心)이요, 망심(妄心)의 내용은 몽환(夢幻)이다. 환(幻)이므로 공(空)이라 이름하여 설명하는 것이다. 환(幻)은 헛것이므로 본래 있지 아니한 것이다. 고로 공(空)의 본의(本意)는 무(無)가 되는 것이다.

망심(妄心)이 본래 환(幻)이므로 환(幻)을 환(幻)이라고 가르치는 스승의 교설내용(敎說內容)이 곧 범부를 깨우는 불법(佛法)의 핵심이다.

환(幻) 밖의 말은 아이를 달래는 가랑잎에 불과하다. 불법의 정로(正路)란 망심(妄心)이 본래 없음[本無]을 증명(證明)하고, 진심(眞心)이 항상(恒常)하여 여여부동(如如不動)함을, 가리켜 보이는 것이다.

고덕[圓悟克勤]이 이른다.

> "내게 일체의 마음이 없거늘, 어찌 일체의 법을 씀이 있겠는가."
> [我無一切心이어늘 何用 一切法이리오]

불법(佛法)이란 범부의 미혹(迷惑)으로부터 일어난 가르침이다. 미혹(迷惑)한 망심(妄心)없이 불법(佛法)이 홀로 존재(存在)한다고 하면 불법(佛法)을 비방(誹謗)하는 것이다. 그러므로 야래팔만사천게(夜來八萬四千偈)는 "미혹(迷惑)할 제, 팔만사천 게송을 두나니"라 함이 가하다하겠다.

동파가 여주(汝州)안치의 명을 받고, 1086년 4월에 황주를 떠나, 벗 참요화상(參寥和尙)와 함께 동림사(東林寺)의 동림상총선사(東林常總禪師, 1025~1091)를 찾아, 밤을 새워 불법의 구경(究竟)을 묻는다.

동림선사는 임제종 황룡파의 개조(開祖)인 황룡혜남(黃龍慧南, 1002~1069)선사의 법을 이었다.

동파가 동림선사를 찾은 이때, 여산(廬山) 귀종사(歸宗寺)의 진정극문(眞淨克文, 1025~1102)선사도 같이 있었다고 한다. 진정(眞淨)선사 역시 황룡(黃龍)선사의 법을 이었으며 소동파(蘇東坡)의 아우, 소철(蘇轍)의 도우(道友)이며, 장상영(張商英)의 스승이다. 장상영은 진정(眞淨)의 친자(親炙)를 받고, 뒷날 노쇠한 동림(東林)선사에게 지견(知見)을 허여(許與) 받았으며, 극근(克勤)의 꾸지람을 들었고 또 도솔(兜率)선사의 자상한 해타(咳唾)를 입고서야 독로견성(獨露見性)한다. 장상영은 도솔(兜率)종열의 법(法)을 이었다고 하겠다.

동림(東林)선사가 동파(東坡)에게 이른다.

> "그대는 어찌하여 무정설법(無情說法)은 듣지 않고 유정 설법(有情說法)만 들으려 하는가?"

동파(東坡)거사는 말이 없었다. 아침에 하직하고 동림사를 나서서 호계(虎溪)의 폭포소리를 듣자마자, 홀연히 깨닫는다. 시를 지어 동림(東林)선사에게 올리니, 이것이 동림계성(東林溪聲)이다. 동림계성의 대요(大要)는 본무정념(本無情念)에 계합하여, 다만 보고 다만 들을 줄 아는 도리이다. 이밖에 별다른 도리가 있는 것이 아니다. 범부들이 공부에 애쓰나 소득이 없는 것은, 목숨 걸고 공부에 임하지 않는 것과 모든 생각을 일시에 놓지 못하는데 있다. 동파는 세상과 나를 잊고, 적연(寂然)히 반조(反照)했기에 오년 만에 대도(大道)를 자득(自得)했던 것이다.

동림계성(東林溪聲)의 기교와 군더더기가 거슬린다고 하는 선객(禪客)도 있다. 바로(便是), 어찌 아니랴(豈非), 다른 날(他日)이 덧말이라는 것이다. 다만 계곡 물소리(溪聲), 산 빛(山色)이면 족하다고 한다.

처음 오문(悟門)에 들더라도, 이전의 시습(詩習)의 군더더기가 말끔히 사라지는 것이 쉽지 않다. 여산진면목(廬山眞面目), 무하유(無何有), 시법(詩法) 등에서 동파거사의 진풍(眞風)이 드러난다. 어떤 선객(禪客)이 동림계성(東林溪聲) 위에 구름 한 조각을 얹는다.

東坡居士太饒舌　동파거사태요설
聲色關中欲透身　성색관중욕투신
溪若是聲山是色　계약시성산시색
無山無水好愁人　무산무수호수인

동파거사는 지혜가 넉넉해서
소리와 빛깔 가운데서 법신(法身)을 나투네.
계곡의 시내소리, 산 빛이라 하나
산과 물도 없는 것이 시름범부에게 좋으리라.

투신(透身)의 신(身)은 법신(法身)이다. 만약 육신(肉身)으로 본다면, '몸을 뛰쳐나네'하는 것이 바르다. 무산무수(無山無水)는 몸과 마음을 잊은 자리이다. 동파의 개오송(開悟頌)에 정(情)의 구(垢)가 점점이 어른거림을 넘겨보는 것이다.

동진(東晋)의 도생선사(道生禪師)의 일제(一題)가 있으니 취죽황화론(翠竹黃華論)이다. 도생(道生)은 조론(肇論)을 지은 승조(僧肇)의 사형(師兄)이다.

青青翠竹　청청취죽
盡是法身　진시법신
鬱鬱黃華　울울황화
無非般若　무비반야

푸르디 푸른 대나무가
온전한 법신(法身)이요.
(뜰 가득) 활짝 핀 황화(黃華)가
반야(般若)아님이 없도다.

하택신회(荷澤神會)대사가 취죽황화(翠竹黃華)를 꾸짖었으나, 그 의지(意旨)가 같지 아니한 까닭이다. 조주(趙州), 황벽(黃檗), 운문(雲門) 등의 대종사(大宗師)가 무정설(無情說)을 널리 세웠으나, 교가(教家)의 중근(中根)들이 쉬이 수긍할 수 있는 도리(道理)가 아니다. 동파의 계성(溪聲)과 산색(山色)이후에, 교가에서 더 논쟁하지 않는다. 무정설(無情說)이 자리매김한 것이리라.

호계삼소(虎溪三笑)일화와 동림사(東林寺)의 호계(虎溪)가 동일처이다. 뒷날, 동파가 자신의 전세(前世)에 도연명(陶淵明)과 백거이(白居易)라 토로한다. 만약 그렇다면 동파는 전세(前世)에 거닐던 곳을 곡조(曲調)를 달리하며 거니는 것이리라. 향산사(香山寺)를 찾고 동파(東坡)라 자호(自號)함도 다른 이가 알지 못하는 감회(感懷)가 있는 것이다.

5. 여산진면목 廬山眞面目

橫看成嶺側成峰　횡간성령측성봉
遠近高底各不同　원근고저각부동
不識廬山眞面目　불식여산진면목
只緣身在此山中　지연신재차산중

가로 보면 산줄기, 옆에서 보면 봉우리
원근고저(遠近高低) 봄에 따라 같지 않네.
여산(廬山)의 진면목(眞面目)을 알 수 없는 까닭은
다만 몸이 여산(廬山) 속에 있는 탓일세라.

三碧解

동파 49세 1084년, 동림(東林)선사를 하직하고, 벗 참요(參寥)화상과 함께 여산(廬山)을 지나며 읊었다.

범부가 자신의 진면목(眞面目)을 보지 못하는 것은, 몸을 나(我)라 여기며 정념(情念) 가운데 있기 때문이다. 정념(情念)은 곧 망심(妄心)이다. 소동파는 이 도리(道理)를 밝히 알아, 여산(廬山)에 빗대어 범부들이 스스로의 진면목(眞面目)을 보지 못하는 까닭을 간명하게 표현한 것이다.

여산진면목(廬山眞面目)이 어찌 동파(東坡) 홀로 즐길 바이랴! 온 세상에 넓혀져서, 총명달재(聰明達才)들이 자기의 진면목(眞面目)을 밝히는 날을 기다리는 것이다.

동파가 개봉(開封)에서 문명(文名)을 날리며 옳다 - 그르다 다투는 무리 속에 있었다면, 사상(思想)은 도(道)에 가까우나, 실오(實悟)는 멀었을 것이다.

동파가 진심(眞心)을 진면목(眞面目)이라 하였다. 예부터 선가(禪家)에 있는 말이나, 동파에 의해 널리 쓰이게 되었다. 뒷날의 게(偈)에 또 유록화홍여시진면(柳綠花紅汝是眞面)이라 읊는다. "버들 푸르고 꽃 붉은 도리가, 그대의 진면목(眞面目)일세"라는 뜻이다.

선사(禪師)들의 직지(直指)에,

"어떤 것이 그대의 진면목(眞面目)인가?"
"어떤 것이 그대의 부모미생전면목(父母未生前面目)인가?"

- 가 선가(禪家)의 직문보어(直問普語)이다. 배우는 이는 자기(自己)의 진면목(眞面目)이 모습 없고, 이름 붙일 수 없으며, 무시무종(無始無終)으로 항상하게 대광명(大光明)을 토(吐)하는 줄 알아야 할 것이다. 여산진면목(廬山眞面目)을 의해(義解)하면 아래와 같다.

이리 보면 이러하고, 저리 보면 저러하네.
처소(處所)와 때에 따라 달리 보이누나.
나의 참모습[眞心]을 알 수 없는 까닭은
몸[身]을 나로 여기며, 정념(情念) 속에 있는 까닭일세.

6. 무하유 無何有

問我何處來　문아하처래
我來無何有　아래무하유
薰風自南來　훈풍자남래
艸堂生微涼　초당생미량

어느 곳에서 왔느냐고 내게 물으면
나는 무하유(無何有)에서 왔다하리.
해맑은 바람(薰風)이 스사로 남에서 불어오니
초당 처마에 희미히 서늘함이 생(生)하누나.

* 薰風 : 東南에서 부는 바람. 八風의 하나.

三碧解

동파 50세 1087년 作이다.

동파(東坡) 상시(上詩)의 하나이다. 1구는 인생의 근원(根源)을 묻는다. 2구는 무하유(無何有)에서 왔다고 한다. 무하유(無何有)는 장자(莊子)의 말이다. 무하유지향(無何有之鄕)이란 '어떤 것도 없는 곳'인데, '어떤 것'이란 정념(情念)이다. 정념(情念)은 정념(情念)(七情)이요, 범부의 마음이다. 시비(是非)와 선악(善惡)이 끊어진 곳이 무하유지향(無何有之鄕)이다. '곳'이라 표현 했지만 처소가 아니다. 무하유(無何有)란 사람의 본래면목(本來面目)이요. 참 마음[眞心]을 가리킨다.

동파가 '나는 무하유(無何有)에서 왔다하리'라 했으나 '오고 감'이 있다는 뜻이 아니다. 2구는 참나(眞我)는 오고 가거나 머무는 바 없다라는 뜻이다. 3구 4구는 원래 유공권(柳公權, 777~865)의 시구(詩句)다. 당(唐) 문종(文宗)이,

人皆苦炎熱　사람들은 모두 더위가 괴롭다지만
我愛夏日長　나는 긴 여름날을 사랑하네.

라 읊자, 유공권(柳公權)이, '훈풍자남래(薰風自南來)하니 전각생미량(殿閣生微凉)이라' 붙여 읊었다. 원의(原意)는 아부성(阿附性)이나 동파가 가져와 선구(禪句)로 청화(淸化)시킨 것이다.

이는 사구(死句)를 활구(活句)로 승화(昇化)시킨 것이라, 작시(作詩)에 자유로운 동파의 면모를 볼 수 있다. 사구(死句)가 천청(天淸)을 만나는 것이라 하겠다.

샘물은 뭇 생명을 살리는 생명수이나, 뱀이 마시면 독을 생하는 것과 비교할 수 있다. 무하유(無何有)가 이 시(詩)의 대요(大要)이다. 선시(禪詩)에는 한 마디의 요(要)가 있으니, 후학(後學)은 먼저 눈과 귀를 열고 본지(本旨)를 볼 수 있어야 한다.

3구 4구는 원오극근선사(圓悟克勤禪師, 1063~1125)가 인설(引說)하였다. 1125년 원오선사가 천령사(天寧寺)에서 개당하여 설했다.

어떤 승이 운문(雲門, 864~949)선사에게 물었다.

"어떤 것이 모든 부처님께서 몸을 나투신 곳입니까?" [如何是 諸佛出身處]

운문(雲門)선사가 대답하였다.

"동산(東山)이 물 위를 가는 것이니라."[東山水上行]

원오(圓悟)선사가 말하였다.

"나(圓悟)는 그렇게 하지 않겠다."[吾不然]

원오선사가 대혜(大慧)를 향해 말하였다.

"해맑은 바람이 스사로 남에서 불어오니, 처마 끝에 서늘함이 희미하게 생하누나."[薰風自南來 艸堂生微凉]

원오(圓悟)선사의 설법 끝에, 대혜(大慧)선사가 홀연히 앞뒤의 시간이 끊어지고 응심부동(凝心不動)하더니, 수일의 선정(禪定)후, 개오(開悟)하였다. 이후 대혜(大慧)선사는 보기천성(保其天性) 임기자재(任其自在)하여 남송(南宋)의 종장(宗丈)이 되어 선풍(禪風)을 드높힌다. 고려의 보조지눌(普照知訥)선사가 대혜선사를 존숭하였다.

대혜(大慧)선사가 동파의 시구(詩句)에서 기연(機緣)을 일으킨 것이라 하겠다. 정인(正人)은 사어(邪語)를 활구(活句)로 바꾸는 두렷한 기운이 있는 것이다. 속담 등의 세어(世語)에서 선지(禪旨)를 열어 보인이에, 대혜(大慧)와 청허(淸虛) 등이 보인다.

동파(東坡)의 무하유(無何有)와 그 격(格)을 나란히 하는, 왕유(王維)의 시중유화(詩中有畵) 가편(佳篇)을 본다.

조명간(鳥鳴澗)

人閒桂花落　사람 한적한데 계화 떨어지고
夜靜春山空　밤은 고요하고 봄 산은 텅 비었네.
月出驚山鳥　달 떠오르니 산새 놀라
時鳴春澗中　봄 시내에서 간간이 지저귀네.

청계(淸溪)

淸冬見遠山　맑은 겨울날 먼 산 바라보니
積雪凝蒼翠　쌓인 눈에 푸른빛이 어렸어라.
皓然出東琳　나 호연히 동림을 나왔나니
發我遺世意　세속의 뜻을 잊었네라.

신이오(辛夷塢)

木末芙蓉花　나무 끝마다 연꽃같은 목련화,
山中發紅萼　산 속에 붉게도 피었네.
澗戶寂無人　개울 옆 오두막, 적막히 인적 없고
紛紛開且落　꽃들은 어지러이 피었다 지네.

목란시(木蘭柴)

秋山斂餘照　가을 산은 남은 빛을 거두고

飛鳥逐前侶　나는 새, 짝을 지어 돌아가네.
彩翠時分明　푸른 햇살에 빛나던 산 빛
夕嵐無處所　저녁 어스름에 사라지누나.

* 斂(렴) : 거두다. 嵐(람) : 남기. 산속의 아지랑이 같은 기운.

마음공부란 스스로의 마음[眞心]을 밝히는 공부이다. 스스로의 마음[眞心]을 밝히면 성인(聖人)의 마음[眞心]과 다르지 아니함을 알게 되는 것이다.

왕유(王維, 701~762)의 조명간(鳥鳴澗), 청계(淸溪), 신이오(辛夷塢), 목란시(木蘭柴)는 왕유가 개오(開悟) 이후에 읊었다.

시어(詩語)가 담백청명(淡白淸明)한 것은 무정(無情)으로 그려내었기 때문이다. 동파(東坡)는 왕유(王維)의 시(詩)를 보고 말을 잊었다고 하였다.

7. 세한인 歲寒人

浪蘂浮花不辯春　낭예부화불변춘
歸來方識歲寒人　귀래방지세한인
回頭自笑風波地　회두자소풍파지
閉眼聊觀夢幻身　폐안료관몽환신

흔들리는 꽃봉오리에 취해, 봄[春]을 보지 못하고
돌아와서 비로소 본래 사람[歲寒人] 알았네.
생각하며 웃노라 풍파(風波) 겪은 자리,
눈 감고 오롯 보나니, 정적(情迹)이란 꿈속의 환신(幻身)이거다.

* 세한인(歲寒人) : 사람의 본래면목(本來面目), 도심(道心)

三碧解

동파 51세 1086년.

세한(歲寒)은 논어(論語)에서 빌린 말이다. 추위가 깊어 온갖 나뭇잎이 누르게 된 연후에 소나무와 잣나무의 늘 푸르름을 알게 된다는 뜻이다. 세한인(歲寒人)은 진면목(眞面目), 진아(眞我), 진심(眞心), 도심(道心)의 뜻이다. 이 넷은 설명의 관점 따라 나누어진 이름일 뿐 하나를 가리킨다. 고로 공자가 오도(吾道)는 일이관지(一以貫之)라 한 것이다.

범부의 온갖 잡념(雜念)이 그친 연후에야, 참마음의 '늘 푸르름'의 불변(不變)을 보게 되는 것이다. '늘 푸르름'이란 진심(眞心)을 가리킨다. 동파는 공자(孔子) 사무사(思無邪)의 진지(眞旨)를 잘 이해한 것이다.

이렇거나 저렇거나 세상살이는 모두 환(幻)이다. 정념(情念)의 밖을 논(論)하고자 하나, 동파에게도 그런 벗은 드물다. 동파시 세한인(歲寒人)은 환(幻)임을 밝히 알아, 무심(無心)에 거처(居處)함이 넉넉하다.

落注

○ 세한(歲寒)은 논어(論語) 자한편(子罕篇) 27章에 보인다.

[子曰 歲寒 然後에 知松栢之後彫也니라.] – 彫(조) : 마르다.

공자가 말씀하였다. "날씨가 추워진 연후에, 솔잎과 잣잎이 늦게 마르는 것을 알 수 있는 것이다."

○ 주희(朱熹)는 '歲寒然後 知松栢之後彫'의 해설에 정이(程頤)의 문인 사량좌(謝良佐)의 말을 빌려 적었다. 사량좌는 소위 정문사선생(程門四先生) 중의 수인(首人)이다. 주희가 사량좌의 생각을 따른다는 뜻이다.

사량좌의 해설을 옮긴다.

> "선비가 궁할 때에 절의(節義)를 볼 수 있고, 세상이 어지러울 때 충신을 알 수 있는 것이니, 배우는 자들이 반드시 덕(德)에 완비하고자 한 것이다."

[謝氏曰 士窮에 見節義하고 世亂에 識忠臣이니 欲學者는 必周于德이니라.]

落注窃看

공자(孔子)는 도(道)의 근원을 송백(松柏)에 비유하였는데, 사량좌(謝良佐)는 절의(節義)와 충신(忠臣) 운운(云云) 한다. 공자는 군자(君子)의 마음을 가르치나, 사량좌는 소인(小人)의 정념(情念)으로 해석하여, 덕(德)에 나아감이 절의(節義)로써 마음씨를 굳건히 하는 것으로 바탕을 삼는 것이라고 한 것이다. 사량좌는 중년에 정이를 떠난다. 그의 언행에 도가 없는 것을 알았기 때문이다. 그리고 선사(禪師)에 나아가 배운다. 그 지해(知解)는 길을 찾았으나 근기(根機)가 미약(微弱)하여 끝내 진심(眞心)을 밝히지 못했다.

ㅇ 안회(顔回)가 죽은 뒤, 공자가 통곡(痛哭)한 까닭이 여기에 있는 것이다. 대학(大學)은 공자가 가르친 공부(工夫)길의 대요(大要)이다. 대학의 처음에 '명명덕(明明德)하라' 즉 스스로의 명덕(明德)을 밝히라고 하였다. 고로 명덕(明德)은 성(性)이다. 명명덕(明明德)은 명성(明性)의 다른 말이다. 사람 사람이 모두 갖추고 있는 자신의 성(性)을 밝히는 것이 곧 도(道)를 밝히는 것이다. 자사(子思)가 명성(明性)을 명명덕(明明德)이라한 것은 명덕(明德)이 성(性)의 설명인 줄 알지 못했던 까닭으로 보인다.

ㅇ 사량좌(謝良佐)가 위와 같이 엉뚱하게 붙힌 해설을 주희(朱熹)가 따르니, 원(元)과 명(明)의 학자들은 주희(朱熹)를 집대성(集大成)이라 하였나니, 더 더욱 공자(孔子)의 도학(道學)을 어지럽히게 되었다. 주희의 해설이 이와 같아서 소위 성리대전(性理大全)에 보이는 사서(四書)의 해설 가운데 반듯하게 해설한 곳은 열에 한둘 정도에 불과하다. 그 대개가 소인(小人)과 중인(中人)이 지키고 나아갈 바의 안목에 그치는 것이다.

ㅇ 동파는 견처(見處)가 밝아서 공자(孔子)가 세한(歲寒)이라 한 뜻에 넉넉하게 계합(契合)하였다. 당송(唐宋) 이후의 유자(儒者)가운데 동파(東坡)만이 세한(歲寒)의 뜻을 적연부동(寂然不動)의 정위설(情僞說)로 풀었다고 할 것이다.

ㅇ 공자께서 이른 – 세한연후(歲寒然後) 지송백지후조(知松栢之後彫) – 란 도심(道心)을 깨쳐 합한 연후에야 도심(道心)의 항상함[솔과 잣나무의 푸르름] 즉 해맑고 광명하며 정념의 때가 없이 적연부동(寂然不動)으로 과거 현재 미래에서 벗어난 줄을 알 수 있다고 한 말씀이다.

다시 말해 오후(悟後)에라사 도심(道心)이 무성무취(無聲無臭)하고 적연부동(寂然不動)하면서 삼라만상(森羅萬象)을 품으며, 일상에 애이불상(哀而不傷)하며 낙이불음(樂而不淫)하고 주이불비(周而不比)하여 본래로[本故]로 정념(情念)이 환(幻)이라는 것을 알게 된다고 한 것이다. 애이불상(哀而不傷) 낙이불음(樂而不淫)은 종심(從心)의 설명이며 무위(無爲)의 낙(樂)이다.

속사(俗士)가 이 도리를 어찌 한번 듣고 통해(通解)할 수 있겠는가. 오년 내지 십년의 수사선도(守死善道)의 공(功)이 있어야 약간의 통해(通解)가 생하는 것이니, 후래의 학자는, 세한연후(歲寒然後) 지송백지후조(知松栢之後彫)를 가벼이 풀지 말지어다.

8. 관대 觀臺

三界無所往　삼계무소왕
一臺聊自宇　일대료자우
塵勞付白骨　진로부백골
寂照起黃庭　적조기황정

삼계(三界)라 [내게] 오갈 바 없나니
일대(一臺) 에 기대 허공을 집 삼을 뿐,
티끌의 애씀이라 백골(白骨)에 부치고
고요히 비추나니, 황정(黃庭)이 여기매라.

三碧解

동파 55세 1090년 작이다.

항주(杭州) 관대(觀臺)에서 읊은 시(詩)이다. 황정(黃庭)이란 진심(眞心)의 뜻이다. 동파가 스스로의 성성(惺惺)을 읊어 보인 것이다. 운문선사(雲門禪師)의 게송(偈頌)을 본다.

萬里足下靑　만리 허공(虛空)이 발아래 푸르른데
東山水上行　동산(東山)이 물 위를 가누나.

吾道此是中　나의 도(道)는 이 가운데 있나니
行之貴日惺　나날의 행(行)에 성성(惺惺)을 귀히 여기네.

'동산(東山)이 물 위를 가누나.[東山水上行]'는 선문(禪門)에 널리 회자(膾炙)되는 공안(公案)이다. 수행자의 견처가 동산수상행(東山水上行)을 꿰뚫은 연후에 곧바로 일어서고, 곧바로 가는 도리(道理)를 알 수 있다고 하겠다.

곧바로 일어서고, 곧바로 갈 수 있게 된 이후에, 성성공부(惺惺工夫)의 내용에 밝아져서 허물을 지우고 나아 갈 수 있는 것이다. 배우는 이는 모름지기 운문(雲門)의 관문(關門)을 넘어야 비로소 불법(佛法)을 조금 안다고 할 수 있으리라.

참마음[眞心]이 현현(顯現)해야 전성(前聖)의 도(道)를 밟을 수 있다. 참마음[眞心]이 현현(顯現)한 이는 한결같이 정념(情念) 즉 칠정(七情)이 본래(本來) 없는 것이라 한다. 고자(告子)가 말한다.

> "성(性)은 선(善)함도 없고 불선(不善)함도 없다."
> [性無善無不善也] – 孟子 告子2章

이는 성(性)에는 선(善)도 없고, 악(惡)도 없다는 말이다. 진심(眞心)을 밝힌 이는 선(善)을 구하지 않고, 악(惡)을 물리치려하지 않는다. 맹자(孟子)가 고자(告子)의 설을 비난하다가, 뒷날에 고자(告子)의 설을 긍정(肯定)하여 말한다.

> "정념(情念 : 七情)으로 이르면 선(善)하다고 할 수 있으니, 이것이 내가 선(善)하다라고 하는 것이다."

[乃若其情則可以爲善矣 乃所謂善也] – 孟子 告子6章

맹자(孟子)가 성(性)에는 정(情)이 없다고 한다. 맹자가 정(情)이 환(幻)인줄 안 연후에 전에 고자(告子)를 비방했던 말을 고친 것이다. 뒷사람들이 맹자가 성선설(性善說)을 주장했다고 하나, 이는 "기정즉가이위선"[其情則可以謂善]의 뜻을 정해(正解)하지 못한 까닭이다. 어찌 생각으로 헤아려 정(情)이 환(幻)인 줄 알 수 있겠는가. 정주류(程朱類)는 속정(俗情)으로 맹자를 읽었기에 본래무정(本來無情)의 도리를 짐작조차 하지 못했던 것이다.

맹자(孟子)도 만년(晩年)에야 정(情)이 환(幻)임을 알았다. 그런 까닭에 맹자(孟子)는 덕혜술지(德慧術知)의 시절에는 사단(四端)이 곧 칠정(七情)인줄 알지 못했으며, 또한 덕혜술지(德慧術知)의 시절인 중년에는, 조(照)와 반지(反之)를 구별 못했으며, 성(性)의 본연(本然)을 산목(山木)에 비유했으며, 성자(聖者)와 성지(聖之)에 어두웠던 것이다.

맹자의 말년에 비로소 "형색천성(形色天性)"을 이르고서야 정념(情念)의 땟물을 온전히 벗었다고 하겠다. 그러나 제자들이 맹자 중장년의 말을 넣어 책을 기웠으므로, 맹자 책 한권에는 허물과 밝음이 섞여 있는 것이다. 도(道)를 배우는 뒷사람이 깊이 생각해야할 과제(課題)이다.

동파는 참마음[眞心]이 현현(顯現)하여 성성(惺惺)한지라, 몸[身]과 칠정(七情)을 잊고, 오직 성성(惺惺)을 귀히 여기며 소요(逍遙)한 것이다.

9. 양망 兩忘

吾生如寄耳　오생여기이
何者爲禍福　하자위화복
不如兩粗忘　불여양조망
昨夢那可逐　작몽나가축

나의 인생, 잠시 이 세상에 기댄 것일 뿐
무엇이 화(禍)가 되고 복(福)이 되는 것가?
모두 거칠게 잊음과 같지 아니하리니
어찌 어젯밤의 몽환(夢幻)을 따라가겠는가?

* 양조망(兩粗忘) : 양망(兩忘)이라 하지 아니하고, 양조망 즉 거칠게 잊음이라 한 것은, 동파가 당시에 스스로의 경지를 잘 아는 까닭이다. 1091년, 동파 56세 시절은 그 경지가 화엄이지(華嚴二地)에 거처했던 것이다.

三碧解

동파 56세, 유배지에서 조정에 잠시 돌아 왔을 때, 왕진경에게 말한다.

"어찌 어젯밤 꿈을 좇아가겠는가?"
[昨夢那可逐]

지난 56년의 인생살이와 5년의 황주유배(黃州流配)가 다만 몽환(夢幻)이었을 뿐임을 담담(淡淡)하고도 초연(超然)히 밝히고 있는 것이다. 화(禍)와 복(福)을 벗은 동파(東坡), 도심풍모(道心風貌)가 보인다.

맹자(孟子)도 참마음이 현현(顯現)한 이후에 정(情)이 환(幻)임을 알았다. 맹자설의 대개는, 정(情)에 거처하여, 선(善)과 의(義)를 세워야 한다고 하였다. 이를 두고 정이(程頤)는 "맹자는 말씀마다 인의(仁義)라 하였다."하며 칭송한다. 정이(程頤)는 도심(道心)을 향했으나 끝내 밝히지 못하고, 인심(人心)에 몸을 두고 도심(道心)을 추측했을 뿐이다.

정념(情念)을 쉬어 무위(無爲)의 인(仁)에 거닐면, 일용행사(日用行事)에 의(義)가 절로 갖추어지는 것을 알지 못했던 때의 맹자(孟子)가 주장했던 설이 인의설(仁義說)이다. 범부가 어찌 정념(情念)이 환(幻)임을 수이 알며 믿겠는가?

공자(孔子)는 도(道)를 설명함에 먼저 적연부동(寂然不動)을 말하고, 다음에 천하대용(天下大用)을 이른다. 그리고 그 대용(大用)이 다만 하나이나, 중사(中士)를 위한 설해(說解)에 체용(體用)의 개념을 두어 설명한다. 그 설명의 도구에 전성(前聖)의 음양설(陰陽說)을 빌려,

> "한번 음(陰)하고, 한번 양(陽)하는 것을 도(道)라 한다."[一陰一陽之謂道]고 한 것이다.

대저 마음[眞心]을 설명함에 체용설(體用說)이 입문(入門)이 된다. 음양(陰陽)이란 참마음[眞心]의 동정(動靜)을 가리키는 것이다. 때로 술지(術智)의 학자들이 "체용(體用)은 하나이다."라 이해하나 그 묘리를 아는 것이 아니다.

"마음[眞心]의 체(體)는 적연(寂然)한데 어찌하여 미움과 사랑으로 나누어 인생사를 어지럽히며, 하나이면 대적(大寂)의 자비(慈悲)나툼에 나아갔을진대 어찌하여 너와 나를 나누며 또 계급(階級)과 선악(善惡)에 떨어져 경쟁과 다툼에서 벗어나지 못하는가?"

라는 물음에는 망연해 한다. 그리고 체용불이(體用不貳)의 견해는 논리적 추측이라 하고는 물러선다.

대개의 덕혜술지(德惠術知) 학자들은 동정(動靜)을 실다운 체용(體用)으로 분별하여 둘로 보고 논리를 세운다. 그러나 명성(明性)의 공이 없으면 두 물건으로 알고 다툼에서 벗어나지 못한다.

공자의 체용설(體用說)은 적연부동(寂然不動)과 그 묘용(妙用)을 설명하는 것이다. 이는 성인이 모습 없는 진심(眞心)에 대한 부득이(不得已)한 설명 도구일 따름이다. 공자설의 요체는, 참마음[眞心]은 체(體)일 때나 용(用)일 때에 언제나 적연부동(寂然不動)하다는 것이다. 전패(顚沛), 사생(死生) 등에도 불변(不變)이라는 뜻이다.

맹자가 늘그막에 말한다.

"성(性)은 비록 천하에 행해져도 더 보태지지 않으며, 비록 비루하게 거처하더라도 줄어들지 아니한다. 성(性)은 그 분수가 본래 불변(不變)인 것이다."

[性雖大行不加焉 雖窮居不損焉 分定故也] – 孟子 盡心上 21章

맹자(孟子)가,

"성(性)은 늘거나 줄지 않는다."

[性者 不加不損也]

라 한 것이다. 이는 맹자 만년의 밝은 견처(見處)이다. 화복(禍福)이란 정념(情念)의 변화 따라 오욕(五欲)의 낙처(落處)가 짓는 과(果)이다. 만약 정념(情念)이 없으면 화복(禍福)의 변화에서 벗어난 것이다.

동파(東坡)가 말한다.

"정(情)의 변화(變化)가 그를 어지럽히고, 화복(禍福)이 그를 위협하며, 알 수 없는 바가 그를 현혹시킨다. 변화는 유명(幽明)보다 큰 것이 없고, 화복(禍福)은 사생(死生)보다 맹렬한 것이 없으며, 알 수 없는 바는 귀신(鬼神)보다 심한 것이 없다. 이 세 가지를 안다면 그 나머지로는 사람을 가릴 수 없다. 참으로 가리는 것이 없다면 그 사람은 확실히 천지(天地)와 같아질 것이다."

10. 시법 詩法

細思乃不然　세사내불연
眞巧非幻影　진교비환영
欲令詩語妙　욕령시어묘
不厭空且靜　불염공차정
靜故了群動　정고료군동
空故納萬境　공고납만경
我心空無物　아심공무물
萬象自往還　만상자왕환

자세히 생각하면 곧 어긋나나니
참 기교는 환(幻)의 그림자가 아니어다.
시어(詩語)가 현묘(玄妙)에 나아가려면
공리(空理)와 청정(淸淨)을 싫어하지 않아야 하리.
지극히 고요함으로 온갖 정념(情念)의 근원을 보고
공리(空理)를 자득해야 온갖 경계를 용납한다네.
나의 마음 텅 비어 정념(情念)이 없나니
삼라만상(森羅萬象)이 스스로 왕래 하네.

三碧解

동파 56세 1091년 작이다.

1구와 2구는 도(道)는 생각이 끊어진 자리에서 곧바로 드러남을 가리킨다.

3구와 4구는 시어(詩語)의 현묘함을 얻는 길은 공리(空理)를 깨달아 진심(眞心)의 청정(淸淨)에 계합해야 함을 의미하고, 5구는 산란(散亂)한 마음이 쉬고, 지극(至極)히 고요함에 들어야 진심(眞心)이 드러난다는 것이다.

6구는 공리(空理)를 자득해야 세상의 온갖 경계가 나타나고 사라짐에 초연(超然)히 용납할 수 있다고 하는 것이요, 7구와 8구는 동파가 경지(境地)를 스스로 밝힌 것이다.

만약 이와 같지 아니하면 속시(俗詩)에 불과 하다고 하는 것이다.

동파에 의하면, 시법(詩法)의 요(要)는 정(靜)과 공(空)이다. 정(靜)과 공(空)이라 하였으나, 그 근원에 합하면 정(靜)과 공(空)은 둘이 아니다. 다만 이름뿐인 정(靜)과 공(空)인 것이다.

공(空)을 알고자 하면, 먼저 정(靜)이 지극한데 이른 연후에사 마침내 공(空)을 자득(自得)할 수 있는 것이다. 정(靜)이 지극하면 진(眞)이 드러나서 공(空)이 본래(本來)로 돌아가나니, 이런 연후에 비로소 공(空)이 무(無)를 가리키는 말인 줄 알게 되는 것이다.

다시 이르면 범부의 마음은 모두 잡념(雜念)이다. 잡념(雜念)은 병념(病念)인고로 잡념(雜念)이 지극히 고요해져야 잡념(雜念)이 사라진 것이다. 범부의 인식(認識)과 기억(記憶)은 환(幻)이다. 인식(認識)과 기억(記憶)이 실재(實在)에 속하지 아니하므로 공(空)이라 하는 것이다.

잡념(雜念)이 환(幻)인 줄 어떻게 확인(確認)하는가. 다만 잡념이 온전히 사라지면 잡념이 본래 없는 것인 줄 알게 될 뿐이다. 고요함이 지극하여 잡념(雜念)이 온전히 쉬는 길 외에 다른 방도(方道)가 있는 것이 아니다. 잡념(雜念)이 고요해지면 참마음(眞心)이 절로 드러나는 것이다.

동파가 정(靜)과 공(空)을 좋아해야 한다고 한 것은 정(靜) 내용을 밝혀 공(空)의 참뜻에 통해야 한다는 뜻이다. 정념(情念)을 쉬어서 참마음[眞心]이 드러나면, 비로소 정(情)이 본래 공(空)한 것인 줄 알게 된다.

원각경(圓覺經)에 이른다.

> "일체의 모든 중생이 대해탈(大解脫)을 얻지 못하는 것은 모두가 탐욕(貪慾) 때문에 생사(生死)에 떨어져 있기 때문이다. 만약에 증애(憎愛)와 함께 탐(貪) 진(瞋) 치(痴)를 끊어버리면, 차별성(差別性)을 인(因)하지 않고 모두가 불도(佛道)를 이룬다."

범부의 잡념(雜念)인 정(情)을 쉬어 끊어버리면, 진심(眞心)이 절로 밝아져 불도(佛道)를 이룬다는 뜻이다. 시법(詩法)도 마음의 작용(作用)인 바, 그 요(要)는 불법(佛法)과 다르지 않음을 동파가 설(說)하고 있는 것이다.

11. 무정송조 無情送潮

有情風萬里劵潮來	유정풍만리권조래
無情送潮歸	무정송조귀
問錢塘江上西興浦口	문전당강상서흥포구
幾度斜暉	기도사휘
不用思量古今	불용사량고금
俯仰昔人非	부앙석인비
誰以東坡老	수이동파로
白首忘機	백수망기
正春山好處	정춘산호처
空翠烟霏	공취연비
算詩人相得	산시인상득
約他年東還海道	약타년동환해도
願謝公雅志莫相違	원사공아지막상위
西州路	서주로
如我與君稀	여아여군희
不應回首爲我霑衣	불응회수위아점의

유정(有情)바람이 만리에 조수를 몰고 왔으나

무정(無情)으로 조수(潮水)를 돌려보내네.
묻노라, 전당강 위,
서흥 부둣가에서
몇 번이나 저녁노을을 보았던가.
고금(古今)을 헤아릴 것 없다네.
눈 깜짝할 사이에 옛사람이 아니거이
누가 동파(東坡) 늙은이처럼
백발(白髮)이 되어서야 세상일을 잊겠는가.
기억나는구나, 서호(西湖)의 서쪽 기슭
봄 산 아름다운 곳곳.
푸른 하늘, 피어나는 연기가 모락모락
시인의 정취(情趣) 서로 어우러나
나와 그대, 경지(境地)가 다르다네.
훗날 뱃길로 동쪽으로 돌아갈 것을 약속하노이
사공의 맑은 뜻을 서로 어기지 맙세나.
서주(西州)의 길에서 고개를 돌려
날 위해 옷깃을 아니 적셔야 하거이.

三碧解

동파 56세 1091년 作이다.

원제(原題)는 팔성감주(八聲甘州)이다.

젊은 시절의 벗, 항주의 참요화상에게 보내는 시다. 참요는 예전에 황주 유배지에도 찾아 왔었다. 벗이 유정(有情)으로 찾아 왔으나 동파는 무정(無情)으로 돌려보냄을 읊었다. 선객(禪客)이 무정(無情)을 자득하지 못하면 평생공부가 허사(虛事)이기 때문이다.

"유정(有情)바람이 만리에 조수를 몰고 왔으나, 무정(無情)으로 조수(潮水)를 돌려보내네."
[有情風萬里劵潮來 無情送潮歸]

어찌하여 그러한가. 동파는 정념(情念)을 여의고, 임성수연(任性隨緣)하기 때문이다.

"나와 그대, 경지(境地)가 다르다네."
[如我與君稀]

동파(東坡)가 벗과는 경지(境地)에 같은 데가 드물다고 한다. 참요화상은 시승(詩僧)이다. 참선(參禪)공부에 힘을 다하여 속히 정념(情念)에서 벗어나라고 하는 것이다. 동파(東坡)는 세상을 한 방울의 물거품으로 보는데, 벗이 동참하여 더불어 즐길 수 없음에랴. 모름지기 무하유(無何有)에 거닐어야 동파(東坡)와 대략의 한음(閑吟)을 나눌 수 있는 것이다.

12. 아미타불송 阿彌陀佛頌

佛以大圓覺　불이대원각
充滿於法界　충만어법계
我以顚倒想　아이전도상
出沒生死中　출몰생사중
云何以一念　운하이일념
得往生淨土　득왕생정토
我造無始業　아조무시업
本從一念生　본종일념생
旣從一念生　기종일념생
還從一念滅　환종일념멸
生滅滅盡處　생멸멸진처
則我與佛同　즉아여불동

대원각(大圓覺)의 불(佛)은
하사계(河沙界)에 충만(充滿)하신데,
나는 전도(顚倒)된 생각으로
생사(生死) 가운데 출몰(出沒)하는구나.
어찌 일념(一念)에 갇혀서

정토(淨土)에 나리오.
내가 지은 무시업(無始業)은
본래 일념(一念)에서 생겨난 것,
이미 일념(一念)에서 생겨난 것이라면
도로 일념(一念)에서 멸(滅)하여 지는 것이니,
생(生)과 멸(滅)이 다 없어진 곳에
나와 불(佛)이 다르지 아니하네.

* 대원각(大圓覺) : 불(佛)의 경지.
* 정토(淨土) : 진심(眞心), 도심(道心)
* 생멸(生滅) : 정념(情念)의 기멸(起滅)

三碧解

동파 58세 1093년 作이다.
육조대사(六祖大師)가 이른다.

"앞생각이 미혹(迷惑)하면 범부(凡夫)요, 뒷생각이 깨치면 곧 부처라. 앞생각이 경계(境界)에 머물면 번뇌(煩惱)가 되고, 뒷생각이 경계(境界)를 여의면 곧 보리(菩提)니라."
[前念이 迷하면 卽凡夫요 後念이 悟하면 卽佛이며 前念이 着境하면 卽煩惱요 後念이 離境하면 卽菩提니라]

규봉선사(圭峰禪師, 780~841)가 이른다.

"다만 한 생각(一念)이라도 생기지 않으면, 한 생각 이전의 인식과 한 생각 이후의 인식이 끊어진다. 마치 눈병이 낳으면 헛꽃이 없어지는 것과 같다. 중생이 부처이지만 그러한 줄 아는 이가 드물며, 알더라도 믿는 이가 드물며, 이해하더라도 그 경지(境地)에 도달하기 어렵다."

[但一念不生하면 則前後際가 斷하리니 如翳差華亡等하니라 衆生卽佛이거늘 人罕能知하며 知而寡信하며 信而鮮解하여 解亦難臻此境이니라]

무념(無念)이란 정념(情念)이 없는 마음이요, 생각을 하지 않는 것이 아니다. 무념(無念)이란 생각하되, 정념(情念)이 없이 생각하는 것이다. 곧 생각에 삿[邪]됨이 없는 것이다. 무념(無念)은 범부의 생각으로 헤아려 닿지 아니하므로 불가사의(不可思議) 혹은 언어도단(言語道斷)이라 한다. 동파가 일념(一念)의 병(病)을 치료하는 처방(處方)을 내놓은 것이다. 무념(無念)이란 무심(無心)과 같은 뜻이다.

도심(道心)을 밝히는 공부길 다섯.

첫째, 목숨 걸고 공부하는 결심이 서야 한다. 다시 말해 밤낮 없이 공부하되, 비록 공부를 이루지 못하고 죽더라도 족하게 여기는 결행이 서야 한다. 공자는 수사선도(守死善道)라 하였다.

둘째, 세상을 메아리나 그림자로 볼 줄 알아야 한다. 흉중에 세상이 떠나면 곧 세상 밖이라, 이름하여 방외(方外)이다. 방외(方外)에 거처하면 자연히 탐진치(貪嗔痴)가 덜어진다. 장자(莊子)가 망세(忘世)와 망아(忘我)를 공부의 관문으로 삼은 까닭을 볼 수 있어야 한다.

셋째, 정념(情念)이 본래로 환(幻)임을 배워서 반드시 통해(通解)해야 한다. 환설(幻說)을 통해하지 못하면 참선(參禪)해도 이익이 적다. 환(幻)도리를 투철히 알아야 정(情)을 쉬는 공부에 전일(專一)하게 되는 것이다. 만약 환설(幻說)을 통해(通解)하지 못하면, 각고(刻苦)의 노력을 하더라도 멀리 둘러가는 수고를 면할 수 없다.

넷째, 참선(參禪)이란 망심(妄心)을 쉬어 진심(眞心)을 회복(回復)하는 것이다. 모든 수행이 회광반조(回光返照)로 귀결되고, 반조(返照)가 순숙(純熟)하면 마침내 염기(念起)에 즉각(卽覺)하는 것이다. 요순(堯舜)이 "윤집궐중(允執厥中)하라!"고 한 내용이 반조(反照)요, 맹자가 그에 합하여 "대현반지(大賢反之)라!"라고 공부길의 종요(宗要)를 말했던 것이다.

다섯째, 장자(莊子)는 자득(自得)을 좌망(坐忘)이라 하였다. 좌망(坐忘)이란 고요히 마음을 관하다가 홀연 진심(眞心)이 드러난 뒤의 상태를 묘사한 말이다. 그 상태는 전념(前念)인 망심(妄心)이 없는 데 계합(契合)한 경지이니 곧 대현(大賢)의 계위이다. 진심(眞心)이 드러나면 이미 정념(情念)은 없다. 칠흑(漆黑)같은 어둠이 해가 뜨면 흔적 없이 사라지는 것과 같다. 정념(情念)이 없으면 진심(眞心)만이 오롯 드밝을 뿐이다. 이 밖에 다른 일은 없다. 고로 고인(古人)이 "다만 비 개면 맑느니라"고 한 것이다.

13. 불은 佛恩

以前世惡業	이전세악업
應墮惡道	응타악도
故一生憂患	고일생우환
(… 中略 …)	
念餘年之無幾	염여년지무기
賜以安閑	사이안한
蘇軾不自求本心	소식부자구본심
永離諸障	영리제장
期成道果	기성도과
以報佛恩	이보불은

전세(前世)에 악업(惡業)이 있어
칠정탐애(七情貪愛)의 악도(惡道)에 떨어졌나니
그런 까닭으로 일생이 우환(憂患)이었습니다.
(… 중략 …)
(부처님께서) 나의 인생 얼마 남지 않음을 보시어
안한(安閒)한 무심(無心)에 들게 하셨습니다.
소식(蘇軾)이 본심(本心)을 구할 바 없음을 알아

영원히 정념(情念)의 장애(障碍)를 여의었습니다.
도과(道果)를 이루어
부처님 은혜에 보답하고자 합니다.

三碧解

동파 59세 1094년 작이다.

다시 혜주(惠州)로 폄적(貶謫)된 때이다. 한 생각 잘못으로 과시(科試)에 나아가서 인생의 풍파를 만나고, 어지러이 유배 길에 떠도는 신세를 후회한다. 그러나 불은(佛恩)로 불법(佛法)을 만나 진심(眞心)을 밝혀 장애(障碍)를 여의었음을 무릎 꿇고 사뢴다. 그리고 반드시 드높은 경지(境地)를 체득(體得)하여 보살행(菩薩行)을 할 것을 약속하는 것이다.

> "소식이 본심(本心)을 구할 바 없음을 알아, 영원히 정념의 장애를 여의었습니다."[蘇軾 不自求本心 永離諸障]

소식(蘇軾)이 50세에 무하유(無何有)를 읊은 이후 10년 동안, 휴헐지(休歇地)에 거처하여, 지금은 정념(情念)이 드문드문 일어나도 방해롭지 아니하다는 것이다. 드문드문 일어나는 정념은 허공의 조각구름과 같아서 허공과 해를 가리지 아니한다. 배우는 이는, 동파(東坡)의 공부노정(工夫路程)을 잘 살펴서, 불법에 입문하는 때부터 하세(下世)할 때까지의 노정을 학습하고 거울로 삼는다면 허송세월하지 않을 것이다.

근세에 돈오점수설(頓悟漸修說)을 병설(病說)이라 하고, 돈오돈수설

(頓悟頓修說)이 바른 길이라고 우기는 학파(學派)가 보인다. 이는 실지(實地)의 공부가 없이 측사(測思)로 주장하는 망상병(妄想病)일 따름이다. 예부터 모든 조사(祖師)와 선사(禪師)들이 개오(開悟)연후에 대오(大悟)하고, 대오(大悟)이후에 무수이수(無修而修)의 공부에 나아가 대적무심(大寂無心)의 묘각(妙覺)을 향하는 공부노정(工夫路程)을 정로로 삼았다. 대력보살(大力菩薩)들이 여러 겁을 수행하였음을 자술(自述)하였으며, 화엄경(華嚴經)에 십지품(十地品)을 두어 깨친 경지의 차례를 밝혀 놓았으나, 실지(實地)가 없는 경학도(輕學徒)들이 돈오돈수설(頓悟頓修說)만을 정리(正理)라 엉뚱한 소리를 한다. 정녕(丁寧)히 이르건대 돈오돈수(頓悟頓修)는 묘각(妙覺)을 이르는 말인줄 알아야 한다.

경학도(輕學徒)들은 반드시 "이즉돈오(理卽頓悟) 사비돈제(事非頓除)"의 노정(路程)이 정리(正理)임을 통해하여 엉뚱한 길에서 벗어나야 한다. 화엄경(華嚴經), 능엄경(楞嚴經), 원각경(圓覺經) 등에 깨달은 연후에 공부하는 길을 밝혔다. 또한 승조(僧肇), 지의(智顗), 규봉(圭峰), 영명(永明), 대혜(大慧) 등의 고덕(高德)들이 실지(實地)를 바탕하여 경(經)을 따라 가리켰으니 뒷사람이 따를지어다.

화엄경(華嚴經) 능엄경(楞嚴經) 해심밀경(解深密經) 등에 보살의 경지를 설한다. 환희지(歡喜地)부터 부동지(不動地)와 법운지(法雲地) 등각(等覺) 등을 설한다. 그 내용은 대적무위(大寂無爲)를 향하는 보살(菩薩)의 남은 공부이다. 어찌 돈오점수(頓悟漸修)가 병설(病說)이겠는가. 돈오돈수(頓悟頓修)만이 공부라고 주장하는 학파는 둔근열기(鈍根劣機)의 무리일 따름이다.

단연코 오후수행(午後修行)이 있나니, 이는 먼저 천망지견(天網知見)

을 열어 순숙(純熟)한 뒤에, 개오(開悟)하여, 그 이후에 공부하는 경지라, 여기서는 그 이름만 들어 보인다.

천망지견(天網知見)을 전후하여 공부의 차례에 사불퇴(四不退)가 있으니, 신불퇴(信不退), 위불퇴(位不退), 증불퇴(證不退), 행불퇴(行不退)이다.

묘각(妙覺)을 향한 보살을 도심중생(道心衆生)이라 한다. 상지(上智)의 보살(菩薩)도 남은 정습(情習)이 있는고로 도심중생(道心衆生)이라 하는 것이다.

14. 공적 空寂

世事子如何　세사자여하
禪心久空寂　선심구공적
世間出世間　세간출세간
此道無兩得　차도무양득
故應入枯槀　고응입고고
習氣要除拂　습기요제불

세상 일, 그대는 어떻게 보는가?
선심(禪心)은 영원히 공적(空寂)하나니…
세간(世間)이든 출세간(出世間)이든
이 도(道)는 어느 쪽(邊)에도 속하지 아니 하나니,
그런고로 응당 고목(古木)처럼 정념(情念)을 쉬어서
정념(情念)의 버릇을 모두 떨어야 하니라.

三碧解

동파 60세 1095년 작이다.
혜주(惠州)의 오자야(吳子野)가 세속을 떠나 출가하여 선원(禪院)에서 살고자 함을 듣고, 선공부(禪工夫)의 요체(要諦)를 간략히 시(詩)로 써 보인 것이다. 공적(空寂), 중도(中道), 입무념(入無念), 제습(除習)의 이로(理路)를 몇 줄의 시에 보였다.

정념(情念)을 짊어지고 불법(佛法)을 배우는 방도(方道)는 있지 아니하다. 또한 견처(見處)가 밝아져도, 숙세(宿世)의 묵은 버릇(宿習)을 쉬이 없애기 어려운 것이다.

선심(禪心)이 공적(空寂)함은 진공(眞空)을 의미한다. 진공(眞空)은 자성(自性)의 진공묘유(眞空妙有)를 가리킨다. 오온개공(五蘊皆空)의 공(空)과는 다른 뜻이다.

오온개공(五蘊皆空)의 공(空)을 '비우다' '비어 있음'으로 해석하면 본의(本意)와는 멀다. '빔'이라 해야 가깝다. 어찌하여 가깝다고 하는가. 공(空)의 본의는 본환(本幻)을 가리키는 말이라, 생각으로 헤아려서 알 수 없기 때문이다.

공리(空理)는 본무(本無)의 의지(懿旨)라, 자성(自性)을 체인(體認)한 연후에 밝히 알 수 있는 것이다.

방거사(龐居士)의 게송을 본다.

十方同聚會	시방(十方)의 학인(學人)이 한데 모여
箇箇學無爲	제각기 무위(無爲)를 배우네.
此是選佛場	여기는 부처 뽑는 공부처소.
心空及第歸	마음[妄心]이 공(空)하여 급제해 돌아가네.

마조대사(馬祖大師)의 회상(會上)에서 읊은 방거사의 오도송(悟道頌)

이다. 동취(同趣), 무위(無爲), 심공(心空)의 풀이가 어렵다. 심공(心空)의 뜻에 통하면, 동취(同聚) 무위(無爲)에 저절로 통한다. 아래는 방거사의 무심송(無心頌)이다. 심공(心空)과 무심(無心)의 뜻에 어둡지 않아야 약간의 눈을 갖추었다고 할 수 있다.

但自無心於萬物　단자무심어만물
何妨萬物常圍繞　하방만물상위요
鐵牛不懼獅子吼　철우불구사자후
恰似木人見花鳥　흡사목인견화조
木人本體自無情　목인본체자무정
花鳥逢人亦不警　화조봉인역불경
心境如如只遮是　심경여여지차시
何慮菩提道不成　하려보제도불성

단지 만물에 스스로 무심(無心)하면
만물이 늘 둘러싼들 무슨 방해 될 것가.
철우(鐵牛)는 사자후(獅子吼)를 두려워 않나니
흡사 목인(木人)이 꽃과 새를 보듯이.
목인(木人)은 본체가 스스로 무정(無情)하고
꽃과 새는 사람을 만나도 또한 경계하지 않거니.
마음[眞心]과 경계가 여여(如如)하여 단지 이러하거늘
어찌 보리도(菩提道) 이루지 못함을 걱정 하겠는가.

15. 무성금 無聲琴

若言琴上有琴聲　약언금상유금성
放在匣中何不鳴　방재갑중하불명
若言聲在指頭上　약언성재지두상
何不于君指上聽　하불우군지상청

만약 거문고 소리가 거문고 위에서 난다면,
어찌하여 그대로 두면 속에서 소리가 나지 않는가.
만약 거문고 소리가 손가락 위에서 난다면,
어찌하여 그대는 손가락 위에서 듣지 않는가.

三碧解

동파 60세 1095년 作이다.

눈과 귀는 창(窓)과 같아서 눈과 귀는 스스로 보고 듣지 못한다. 진심(眞心)이 눈과 귀를 통해서 작용하는 것이다. 몸이란 한 때의 소용물(所用物)이다. 진심(眞心)이 곧 공적영지(空寂靈知)이며, 청정각명(淸淨覺明)이며, 불생불멸(不生不滅)하는 불식(不息)의 연천(淵泉)이다.

범부는 먼저 참마음[眞心]의 소재(所在)를 측지(測知)하여, 노력 또 노력하여 마침내 참마음[眞心]을 밝혀야 한다. 자기(自己)의 참마음[眞心]을 밝히는 것이 자아회복(自我回復)이다. 범부적 삶의 재미를 구하는 것은 망상적(妄想的) 모습놀이 일 따름이다. 망상(妄想)과 모습 밖의 참나[眞我]를 밝히려는 의지가 갖추어 있지 아니하다면 선시(禪詩)를 읽어도 얻는 바가 없을 것이다.

선시감상(禪詩感想)의 요결은, 선리(禪理)를 몇 줄의 글에서 엿보아서, 선(禪)의 요체(要諦)를 간파(看破)하는데 있는 것이다.

대저 승려(僧侶)가 쓴 시는 다만 승시(僧詩)요, 선지(禪旨)가 투출(透出)해야 선시(禪詩)가 되는 것이다. 산수(山水)의 풍광(風光)을 읊거나, 천지(天地)를 삼켰다 토(吐)했다거나, 철우(鐵牛) 니우(泥牛) 목마(木馬)를 들먹이더라도 선지(禪旨)가 없으면 속시(俗詩)가 될 뿐이다.

무성금(無聲琴)은 동파가 도(道)를 희론(戱論)하는 벗에게 능엄(楞嚴)의 설리(說理)를 빌어, 진심(眞心)이 인생의 주인(主人)임을 가리켜 보인 것이다.

예부터 욕심(欲心)을 버리거나, 무념(無念)의 의(義)로써 세상을 보려는 것을 선(禪)으로 여기는 이들이 허다(許多)하다. 한 생각 바꾸는 것은 다만 '생각 바꾸기'일 뿐이다.

동파는 이런 이들에게 무성금(無聲琴)을 보인 것이다. 삼라만상(森羅萬象)을 바라보되 눈으로 보는 것이 아니라 참마음[眞心]으로 볼 수 있어야 함을 요설(饒舌)한 것이다.

옛 시를 본다.

揆艸澹風非他事　규초담풍비타사
要明父母未生前　요명부모미생전
忽然蹈着毘盧頂　홀연도착비로정
觸目無非格外禪　촉목무비격외선

맑은 바람이 풀잎 세는 것, 다른 일 아닐러라.
태어나기 전의 참 나를 오롯 밝히네.
홀연히 법신(法身)의 정수리 만지면
보고 듣는 어느 것이 격외선(格外禪)이 아니런가.

선자(禪子)가 경(經)을 멀리 하는 것을 능사로 삼을 것은 아니다. 이통현(李通玄, 635~730)거사는 화엄경을 보다가 대오(大悟)하였고, 보조국사(普照國師)는 육조단경(六祖壇經)을 보다가 대오(大悟)하였다. 간경(看經)에 알맞은 근기(根機)와 인연(因緣)이 있는 것이다.

경(經)을 읽을 때, 한 번에 끝까지 읽는 것이 중요하다. 띄엄띄엄 읽는 것은 이익이 적다. 예전 사람들은 경(經)을 손에 잡으면 백독(百讀)하는 것을 기본으로 하였다. 경(經)을 읽되, 반야(般若)를 생각으로 헤아리면 곧 어긋난다. 반야(般若)는 바로 그대이기 때문이다.

숙연(肅然)히 반조(反照)하여 일체의 생각이 끊어져야, 자기(自己)의 본래(本來) 반야(般若)가 드러나는 것이다. 과거세(過去世) 숙연(宿緣)의 공이 있으면 독서삼매(讀書三昧)에서 홀연히 반조(返照)하여 개오(開悟)하게 될 것이다.

반조(返照)란 자성(自性)을 회복하는 관문(關門)이다. 누가 이 관문을 통하지 아니하고 자성(自性)을 회복(回復)하라. 특히 회광반조(廻光返照)를 강조하는 청매인오(青梅印悟, 1548~1623)의 십무익송(十無益頌) 가운데 대요(大要)인, 삼목(三目)을 본다.

心不返照看經無益　심불반조간경무익
不達性空坐禪無益　부달성공좌선무익
心非實德巧言無益　심비실덕교언무익

眞心을 返照하지 않으면, 經을 봐도 이익이 없다.
生滅心이 空함을 알지 못하면, 坐禪해도 이익이 없다
眞心을 알지 못하면, 말을 잘해도 이익이 없다.

* 문법상 부달성공(不達性空)의 말이 분명치 않다. "생멸심(生滅心)의 성품이 공(空)함을 요달하지 못하면"이라 풀면 뜻이 통한다.

16. 남화사 南華寺

云何見祖師 운하견조사
要識本來面 요지본래면
亭亭塔中人 정정탑중인
問我何所見 문아하소견
可憐明上座 가련명상좌
萬法了一電 만법료일전
飮水旣自知 음수기자지
指月無復眩 지월무복현

어찌하면 조사(祖師)를 뵈옵는 것인가?
본래(本來)의 자기면목(自己面目)을 아는 것일세.
탑(塔) 가운데 단정히 앉아 있는 이는
나에게 무엇을 보았는지 묻는구나.
깨달음을 애달피 갈구하던 도명(道明)상좌는
만법(萬法)의 이(理)를 찰나(刹那)에 깨달았으니.
물을 마시면 그 맛 스스로 알고
달을 가리켜도 다시 현혹(眩惑)됨이 없네.

我本修行人　아본수행인
三世積精煉　삼세적정련
中間一念失　중간일념실
受此百年譴　수차백년견
摳衣禮眞相　구의예진상
感動淚雨霰　감동누우산
借師錫端泉　차사석단천
洗我綺語硯　세아기어연

* 譴(견) : 허물, 꾸지람　霰(산) : 싸라기 눈

나는 본시 수행(修行)하는 사람이라
숙세(宿世)에 정련(精煉)을 거듭하였거니.
중간(中間)에 한 생각의 허물[垢愆]로
이러히 백년(百年)의 꾸지람을 받누나.
옷깃을 여미고, 육조대사 진신상(眞身相)에 예배하나니
옛[本]을 밝히는 감회, 눈물이 싸락눈 오듯 하네.
대사(大師)의 석단천(錫端泉)을 빌려서
나의 교묘한 말과 붓의 버릇을 씻으리라.

三碧解

동파 60세 1095년 作이다.
동파가 스스로 숙세(宿世)의 수행인임을 밝힌다. 어떻게 아는가?

수행(修行)에 나아가 익어, 때가 되면 절로 알게 되는 것이다. 전세(前世)의 조사(祖師)를 지금 당장 뵙는 방도(方道)는, 자신의 참마음[眞心]에서 본다고 한다. 여기에서 올곧게 느끼는 바가 있으면 수행정로(修行正路)에 한 발 내딛는 것이다.

개오(開悟)한 뒤에도 여전히 남아있는 좋지 않은 버릇들을 털어버리는 노력이 따라야 한다. 이를 게을리 하면 공부가 퇴굴(退屈)하게 되는 것이다. 종문무고(宗門武庫) 등에 자세하다.

수행에 나선 이가 제행(諸行)에 속진(俗塵)이 묻지 않고, 소박(素朴)하면서 좋지 않은 버릇에 물들지 아니하면, 개오(開悟) 뒤의 일상(日常)에 거침이 덜하여져서 공부가 더욱 높아지는 것이다. 이러한 수행인은 뭇사람의 존숭(尊崇)을 받게 되는 것이다. 옛 수행인들 가운데 개오(開悟) 뒤, 묵묵(默默)히 보임(保任)하지 아니하고, 아만심(我慢心)으로 스승노릇과 막행(莫行)하다가 공부를 망친 이가 허다하다. 진회(秦檜), 성우(惺牛) 등 수많은 이가 그러하다.

대저 시(詩), 서(書), 화(畵)의 취미는 가벼우나, 점(占), 사주(四柱), 풍수(風水) 등의 술사(術事)와 잘난 체(自高病)에 젖는 것은 무거운 버릇이다. 동파거사는 개오(開悟) 한지 십일 년이 지났다. 세사(世事)에 대한 약간의 정념(情念)과 시작(詩作)의 남은 버릇을 씻고자 하는 것이다.

17. 진량도 眞良圖

我生涉世本爲口　아생섭세본위구
一官久已輕蒪艫　일관구이경순로
人間何者非夢幻　인간하자비몽환
南來萬里眞良圖　남래만리진량도

나의 인생 벼슬길, 본시 입[食口] 때문
벼슬은 과시 전부터 순채와 농어보다 가벼이 여겼네.
인간사(人間事) 어떤 것이 몽환(夢幻)이 아니겠는가.
남쪽 만리에 폄적(貶謫)된 일, 참 좋은 방도(方道)거다.

* 蒪(순) : 수련과의 여러 해 살이 풀
* 艫(로) : 농어

三碧解

동파 60세 1095년 作이다.

혜주(惠州)에서 깊은 삼매(三昧)에 들며 성성자적(惺惺自適)의 즐거움에 노닐었다. 어느 날 몽환(夢幻)의 인생노정(人生路程)을 돌아보며 읊는다. 동파가 하세(下世)하기 6년 전이다.

동파가 적연무위(寂然無爲)를 보였다. 동파가 만약 유배(流配)를 오지 않았으면, 무수이수(無修而修)에 거처하여 백낙천(白樂天)의 선미(禪味)를 넘어 태공풍격(太空風格)의 시(詩)를 남겼겠는가? 유배(流配)가 동파의 인생에 대복(大福)의 노정(路程)이었던 것이다.

무정자화(無情自和)의 선시(禪詩)를 본다.

雲走天不動　운주천부동
舟行崖不移　주행애불이
本是無一物　본시무일물
何處起歡悲　하처기환비

구름은 달리나 허공(虛空)은 원래 부동(不動)
배는 흘러가도 언덕은 그대로.
본시 정념(情念)이 없거니
어디에서 기쁨 슬픔 일으킬 것가.

참마음[道心]은 시간(時間)과 공간(空間)에 속하지 아니하고, 증애(憎愛)와 고락(苦樂)이 있지 아니하다. 또한 변(變)함이 있지 아니하므로 적연부동(寂然不動)이라 하는 것이다. 오로지 정념(情念)이 범부의 대병통(大病痛)인 것이다. 비록 정념(情念)이 어른거리나, 정념(情念)이 환(幻)임을 밝히 알면, 인생관(人生觀)이 방외에 거처하나니, 곧 바른 사람이라고 할 수 있는 것이다.

참마음[道心]은,

死而不亡하며　죽어도[死] 없어지지 않으며 – 老子, 諸經

生而不生이요	태어나도 남[生]이 아니요	– 老子, 諸經
水而不溺하며	물에 들어도 빠지지 아니하며	– 莊子
焚而不熱하며	태워도[焚] 타지 않으며	– 莊子
非賤非貴하며	천(賤)하거나 귀(貴)하지 아니하며	– 邵雍
非淸非濁이요	맑거나[淸] 흐리지[濁] 아니니라.	– 莊子
不去不來하며	가거나 오지 아니하며	– 金剛經, 元曉
不加不損이라	더하거나[加] 덜지[損] 아니나니.	– 孟子
無聲無臭하며	소리 없고 냄새 없으며	– 詩經, 心經
無相無跡하며	모습 없고 자취 없으며	– 詩經, 心經
長生不滅하며	장생(長生)하여 불멸(不滅)하며	– 老子
寂然不動이라	적연(寂然)히 부동이라.	– 繫辭, 諸經
事事無碍하며	사사(事事)에 걸림 없으며	– 華嚴
常放光明이라	항상하게 광명을 토하니라.	– 華嚴, 性聰
昭而不道요	밝힌다면 도(道)가 아니요,	– 東坡, 慧月
照而不跡이니라	비추우나 흔적(痕迹)이 없나니라.	– 東坡

18. 도인 道人

菩薩常明　보살상명
覺不住　각부주
照與照者　조여조자
同時寂滅　동시적멸
只從寂滅　지종적멸
安心後　안심후
失却當前　실각당전
覺痛人　각통인

보살은 항상히 밝아
각(覺)에 머물지 않나니.
비춤과 비추는 자,
동시에 적멸(寂滅)하여
다만 적멸(寂滅)일 뿐이라,
[공부는] 안심[開悟] 연후에라사
정념(情念)에 헤매던 당전(當前)을 보아
병통인(病痛人)을 아나니라.

동파 62세 1097년 作이다.

마음[妄心]과 경계(境界)가 모두 적멸(寂滅)한 뒤, 적멸(寂滅)하였다는 자취마저 없애야 안심(安心)이라 한다.

동파(東坡)가 자신의 공부에 마음[妄心]이 없다고 한다. 마음[妄心]이 없으면 곧 대적경지(大寂境地)이다. 그러나 동파는 상지보살(上智菩薩)의 경지라, 마음[妄心]이 드문드문 일어나도 방해롭지 않다는 뜻으로 읽어야 할 것이다. 상지보살(上智菩薩)도 미세망념(微細妄念)을 지우는 공부가 남아있기 때문이다.

대저 개오(開悟) 이후에 간단(間斷)이 없다함은 발광지(發光地)에 이른 것이라, 천망지견(天網知見)으로도 헤아릴 바가 아니다. 하물며 측지(測知)로 판단함이 가당하겠는가?

여기에 이르러 대략의 말을 둔다. 정념(情念)이 드문드문 일어나도 방해롭지 않은 경지는 개오(開悟) 이후에사 가능하다. 대저 이러한 경지의 인물을 무심도인(無心道人)이라 부르나, 지견선자(知見禪子)라 하는 것이 적절하다. 만약 정념(情念)에 가리운 바가 없다면 불퇴행지(不退行地)이상의 경지일 것이다.

무진(無盡) 장상영(張商英, 1043~1121)거사는 동림(東林)선사에게서 개오(開悟)하고, 진정(眞淨)선사에게 허인(許印)하였으며 도솔(兜率)선사(1044~1091)에게서 재오(再悟)한다. 도솔(兜率)선사가 장무진거사에게 안심(安心)으로 이끄는 오후(悟後)의 공부를, 일러 게송(偈頌)으로 일렀다. 게송(偈頌)을 본다.

等閑行處　등한(等閑)히 행하는 곳.
步步皆如　걸음걸음 다 진여(眞如)일세.
雖居聲色　비록 소리와 빛깔에 거처하나
寧滯有無　유(有)와 무(無)에 막힘이 없네.

一心非異　일심(一心)은 다른 것이 아니요
萬法非殊　만법(萬法)은 정해진 것 아니다.
休分體用　체(體)와 용(用), 나눌 것 없고
莫擇精粗　정미(精微)롭고 거침[粗], 구별할 것 없네.

臨機不疑　어떤 경우에도 의심(疑心)할 것 없고
應物無拘　마땅히 물[境界]에 구애됨이 없다네.
是非情盡　옳으니 그르니 하는 정념(情念)이 없으며
凡聖皆除　범부(凡夫)와 성인(聖人)을 두지 않네.

誰得誰失　얻는 이는 누구며, 잃는 이는 누구이며
何親何疏　어찌하여 친(親)코, 어찌하여 불친(不親)한가.
拈頭作尾　머리를 들었다가 꼬리를 만들고
指實爲虛　참[實]을 가리키나 헛것[虛]이 되누나.

飜身魔界　몸을 뒤집으면 마군(魔軍)의 세계요.
轉脚邪途　발길을 바꾸면 삿[邪]된 길에 빠지네.
了無逆順　거스름[逆]과 바름[順]이 없음을 알고 나면
不犯工夫　공부를 지어감에 잘못하는바 없다네.

* 滯(체) : 막히다. 殊(수) : 정하다. 塗(도) : 진흙, 길.

서천조사(西天祖師)의 명지(明旨)를 본다.

古今大智人　고금대지인
念念知幻身　념념지환신
知幻便離幻　지환변리환
堂當現本身　당당현본신

예부터 지금까지, 큰 지혜(智慧) 밝은이는
생각 생각이 환신(幻身)임을 알았네.
환(幻)인 줄 알아, 곧 환(幻)을 여의면
두렷하게 본래의 참나[眞我]가 나타난다네.

삼교(三敎)의 성인(聖人)이 모두 참마음[眞心]을 밝힌 분이다. 생각 생각이 칠정(七情)인 범부라도 칠정(七情)의 나[妄我]가 환신(幻身)임을 알기만 하면, 참나[眞我]를 회복하게 되고, 회복하면 참나[眞我]가 항상(恒常)한 자기(自己)의 성인(聖人)을 만나는 것이다. 여기서 '환신(幻身)임을 안다.'고 하는 것은 각(覺)의 의미이다.

한마디 언어(言語)나 한 기미(機微)를 통해, 단박에 근원(根源)을 가리켜 깨닫게 하는 것이 선(禪)의 효용(效用)이다. 그러나 그 때에, 준비(準備)된 사람이 아니면 얻지 못하는 것이다.

19. 관묘 觀妙

肅然是非　숙연시비
行住坐臥　행주좌와
飮食語默　음식어묵
具是衆妙　구시중묘
無不現前　무불현전
覽之不有　람지불유
却之不無　각지불무
忽之覺之　홀지각지
要妙如此　요묘여차

숙연(肅然)히 옳고 그름 보나니
가거나 머무르거나 앉거나 눕거나
마시거나 먹거나 말하거나 침묵하는 가운데
중묘(衆妙)가 온전히 갖춰져 있어
[道心이] 눈앞에 드러나지 않음이 없으이.
살펴봄에 있지 않고
물리쳐도 없지 않나니.
홀연히 깨닫는 것이라
요긴한 묘리(妙理)는 이와 같나니.

三碧解

동파 62세 1097년 作이다.

근래의 선사(禪師)들은 대개가 믿음을 얻지 못한다. 대체로 설법(說法)에 조리가 없거나, 진심(眞心)과 망심(妄心)을 구별하지 못하거나, 진심(眞心)을 설(說)하나 밝지 않거나, 선(禪)을 말하나 개오(開悟)에 이르는 방도(方道)를 간명(簡明)히 드러내지 못하는 까닭이다.

그런 연유로 구건선사(垢愆禪師), 억지선사(臆志禪師) 등의 이름을 얻는다. 말법 시절이라 그러할 것이다. 불법(佛法)을 설하되, 스스로 밝지 못해 엉뚱하게 이끈다면 그 업보(業報)가 무겁다. 아래의 한 구에 동파의 견처(見處)가 오롯이 드러나 있다.

具是衆妙　　중묘(衆妙)가 온전히 갖춰져 있어,
無不現前　　앞에 드러나지 않음이 없다.

장졸(張拙, 약850~920)거사는 석상경저(石霜慶儲, 805~888)선사의 문인이다. 그의 개오송(開悟頌)은 널리 알려져 많은 선객들이 읊조렸다. 운문(雲門, 864~949)선사도 장졸의 게(偈)를 보고 긍정하였다. 뒷날, 명(明)의 자백진가(紫柏眞可)가 장졸(張拙)의 환화(幻華)를 읽다가 개오(開悟)하였다.

자백진가(紫柏眞可)는 북송(北宋)의 고승(高僧) 혜홍각범(慧洪覺梵)의 후신(後身)이다. 자백집(紫柏集)에 보인다.

자백(紫柏)은 감산덕청(憨山悳淸)과 더불어 명(明)의 이대고승(二大高僧)이다. 후래 선객(禪客)이 장졸의 개오송(開悟頌) 환화(幻華)는 삼지

(三智)에 통하여 곧바로 삼지(三地)에 이르렀다는 평을 하였다. 환화(幻華)를 읽는 이가 자백(紫栢)선사처럼 문득 자기(自己)의 본지풍광(本地風光)에 계합(契合)한다면 자기(自己)와 세상을 위해 참으로 다행한 일이 될 진저.

자백(紫栢,1542~1603)은 장졸의 환화(幻華)를 읽다가 "一念不生全體現 六根纔動被雲遮"의 구절에서 개오(開悟)했다고 한다.

幻華

光明照寂遍河沙　광명조적편하사
凡聖含靈共我家　범성함령공아가
一念不生全體現　일념불생전체현
六根纔動被雲遮　육근재동피운차
斷除煩惱重增病　단제번뇌중증병
趣向眞如亦是邪　추향진여역시사
隨順世緣無罣碍　수순세연무괘애
涅槃生死是空華　열반생사시공화

* 纔(재) : 겨우　罣(괘) : 걸다.

광명적조(光明寂照) 온 누리에 두루하나니
범부와 성인 천동함령(蚕動含靈), 모두 한집안일세
일념(一念)이 나지 않으면, 진성(眞性)이 드러나나니
조금만 육근(六根)을 움직여도 번뇌구름에 가리울세.
번뇌 끊어 없애고자 함은 병(病)을 더하고

진여(眞如)향해 좇아 가면, 이 또한 삿되도다.
세상 인연 좇아도 걸림 없고
열반(涅槃)과 생사(生死)가 모두 공화(空華)일세.

장졸(張拙)과 동파(東坡)가 환화(幻華)와 관묘(觀妙)에서 도심(道心)의 요묘(要妙)를 드러낸 것이다. 장졸의 게(偈)에 합한 이, 쉬웁고 쉬이 천망지견(天網知見) 날지라,

서산(西山)대사의 무심송(無心頌)을 본다.

山自無心碧　산자무심벽
雲自無心白　운자무심백
其中一上人　기중일상인
亦是無心客　역시무심객

산은 무심(無心)히 푸르고
구름은 무심(無心)히 희구나.
그 가운데 한가로운 상대인(上大人)
또한 무심(無心)한 나그네로다.

무심(無心)은 다만 망념(妄念)이 없는 경지라, 오직 참마음[眞心]이 두렷한 것이다. 무심에 거니려면, 모름지기 망념(妄念)을 지우고, 방외(方外)에 거처해야 하는 것이다.

20. 십팔대아라한송 十八大阿羅漢頌

– 東坡全集 卷98

❑ 십팔대아라한송(十八大阿羅漢頌)의 서(序)와 발미(跋尾)를 읽으면 아라한송의 묘의(妙意)에 가까워지리라.

– **아라한송서**(阿羅漢頌序)

촉(蜀) 지방의 금수(金水) 장씨(張玄)가 십팔대아라한도(十八大阿羅漢圖)를 그렸는데, 나는 담이(儋耳)에 적거(謫居)할 때 민간에서 이 그림을 얻었다. 해남(海南)은 멀고 누추한 곳이라 인간 세상과 같지 않거늘, 이 그림은 어디에서 온 것이란 말인가? 오래도록 빈 골짜기에 달아나 있다가 마치 사우(師友)를 만난 듯 반가워서, 아들 과(過)에게 명하여 직접 장정과 표지를 바꾸게 하고는, 등(燈)을 걸고 향과(香果)를 차려 아라한(阿羅漢)에게 예를 올렸다. 장씨(張氏)는 당(唐)나라 말기에 아라한(阿羅漢)을 잘 그리는 것으로 이름이 나서 세상에 그 기예를 떨쳤다. 지금 성도(成都)의 승려 민행(敏行)은 그 현손(玄孫)인데, 범상(梵相)이 기이하고 예스러우며 학술(學術)이 정심하고 해박하니, 촉(蜀) 지방의 사람들은 모두

"이는 아라한(阿羅漢)이 그 집에 환생한 것이다."라고 한다. 내 외조부 정공(程公, 程文應)은 젊은 시절 경사(京師)를 유람하고 집으로 돌아오시려고 할 때, 촉(蜀) 지방의 난리를 만나 양식이 떨어져서 돌아오지 못한 채 여관방에 지쳐 누워계셨다. 이 때 승려 16인이 찾아와서 말하기를 "우리들은 공의 고향 고을 사람이오."라고 하면서 각기 200전(錢)씩 빌려주니, 공이 그 덕분에 고향으로 돌아왔지만, 끝내 그 승려들의 소재를 알 수 없었다. 공은 "이는 아라한(阿羅漢)이다."라고 하시고는, 해마다 네 번씩 큰 공양(供養)을 베풀어서 공의 연세 90세에 이르기까지 무려 200여 차례나 큰 공양을 베풀었다. 지금 나는 비록 그 사람[敏行]을 직접 만나보지는 못하였지만, 곤액(困厄)을 당하여 아홉 번 죽을 고비를 겪은 끝에 새소리와 같은 말을 쓰고, 풀로 엮어 만든 옷을 입은, 오랑캐가 사는 땅에서 이 특별한 것을 얻었으니, 어찌 희귀한 만남이 아니겠는가. 그래서 각각 그 체상(體像)에 나아가 생각과 의취를 다하여 송을 짓는다.

– **발미(跋尾)**

부처님이 열반(涅槃)하신 뒤, 염부제(閻浮提)의 중생들이 억세고 사나워, 제멋대로 행동하여 부처님 말씀을 믿으려고 하지 않는다. 그래서 여러 현자(賢者)와 성인(聖人)이 세상을 버리고 숨어 나타나지 않았고, 오직 상설(像設)과 유언(遺言)

을 가지고 사람들을 인도해도 깨우치지 못하였다. 그러나 아미산(峩眉山), 오대산(五臺山), 여산(廬山), 천태산(天台山)에는 오히려 이변이 나타나서 사람들로 하여금 분명히 보도록 하였다. 내 집에 십육나한상(十六羅漢像)을 보관하고 있는데, 매번 차(茶)를 진설(陳設)하여 공양하면, 변하여 흰 젖이 되고, 혹은 엉겨서 설화(雪花)가 되고, 도리화(桃李花)가 되고, 작약화(芍藥花)가 되니, 이변이라고 겨우 말할 수 있을 것이다.

혹자(或者)는 말하기를 "아라한(阿羅漢)의 자비심이 아주 깊어 사람을 급히 만나려고 하기 때문에 신묘한 이변이 많이 나타난다."라고 하니, 혹 그런 것인가. 지금 해남(海南)에서 이 십팔나한상(十八羅漢像)을 얻어서 아우 자유(子由, 蘇轍)에게 주어 때때로 공경(恭敬)하는 예(禮)를 닦고, 부부의 생일을 만나면 그때마다 공양을 베풀어 풍년(豊年)을 기원하고 복을 빌게 하면서, 아울러 이전에 지었던 송(頌, 「十八大阿羅漢頌」)도 함께 부친다. 자유(子由)는 2월 20일에 출생하였고, 부인 덕양군부인(德陽郡夫人) 사씨(史氏)는 11월 17일에 출생하였다. 이해 중원일(中元日)에 쓴다.

ㅇ 十八大阿羅漢頌은 東坡가 張玄의 羅漢圖 취득 이전에 지었다고 한다. 作의 時期는 대략 東坡 62세 1097년이라 짐작된다. 뒷날의 학자가 적확히 考證하기를 기대한다. -

第一尊者

月明星稀 월명성희　　달은 밝고 별은 드문 데
孰在孰亡 숙재숙망　　누가 있고 누가 없는 것인가.
煌煌東方 황황동방　　동방에 빛나는 것은
惟有啓明 유유계명　　오직 계명성(啓明星)이로다.
咨爾上座 자이상좌　　아, 상좌(上座)와
及阿闍黎 급아도려　　아사리(阿闍黎)여!
代佛出世 대불출세　　부처님 대신 속세에 나온
惟大弟子 유대제자　　큰 제자라네.

＊ 숙재숙망(孰在孰亡)은 누가 있고 누가 없는 것인가? 는 물음이다. 이는 무엇이 있고 무엇이 없는 것인가? 라고 풀어도 뜻이 통한다. 승조(僧肇)의 게송(偈頌) 등에,

四大本非有　　사대육신은 본래 있음이 아니요,
五蘊本來空　　오온(五蘊)의 마음은 본래 공(空)하도다.

－라 하였다. 이는 불법(佛法)의 관문이다. 사람에 두 부류가 있나니, 사대(四大)와 오온(五蘊)을 나[我]로 삼는 자와 사대(四大)와 오온(五蘊)을 공(空)하게 보아 무아(無我)로 관하는 자로 나뉜다. 이로써 무아(無我)와 진아(眞我)의 말이 있는 것이다. 깊이 관(觀)하여 스스로 판단할 일이다.

第二尊者

佛無滅生 불무멸생　　부처는 생멸(生滅)이 없는데
通塞在人 통색재인　　사람에게 통색(通塞)이 있나니
牆壁瓦礫 장벽와력　　담장과 바람벽, 기왓장과 자갈

誰非法身 수비법신 어느 것인들 法身이 아니던가
尊者斂手 존자렴수 존자는 두 손 모아 합장을 한 채
不起于坐 불기우좌 자리에서 일어나지 않으시니,
示有敬耳 시유경이 오직 공경을 보여야 할 진대
起心則那 기심즉나 잡념이 일어남은 어찌된 것인가.

* 담장과 바람벽, 기왓장과 자갈, 어느 것인들 法身이 아니던가?: 이는 대오(大悟)의 경지에서 읊은 것이다. 둔사(鈍士)를 위해 억해(臆解)하면, 그 하나는 무정설법(無情說法)이요, 다른 하나는 범부의 진심(眞心)에 삼라만상(森羅萬象)이 담긴 것이니 요해(要解)가 어렵다. 이 쯤 해둔다.

* 雜念이 일어남은 어찌된 것인가?: 이는 그 경지(境地)라야 그 경지(境地)를 알 수 있음을 드러낸 것이다. 고인(古人)이 소동파(蘇東坡)의 경지를 일러 오지보살(五地菩薩)이라 하고, 또 만년에 팔지보살(八地菩薩)에 이르렀다고도 한다. 그러하더라도 소동파가 스스로 미세망념(微細妄念)을 온전히 벗지 못했음을 이르는 말이라 하겠다.

第三尊者

我非標人 아비표인 나는 표인(標人)이 아니라서
人莫吾識 인막오식 사람들이 나를 알아보지 못하는데
是雪衣者 시설의자 이 흰 목후(沐猴)는
豈具眼隻 기구안척 어떻게 혜안(慧眼)을 가진 것인가.
方食知獻 방식지헌 먹이를 먹다가 바칠 줄 아나니
何愧於猿 하괴어원 원(猿)에게 무엇이 부끄러우랴.
爲語柳子 위어유자 유자(柳宗元)에게 이르노니
勿憎王孫 물증왕손 왕손(王孫)을 미워하지 말라

* 표인(標人) : 이름과 모습에 묶인 사람. 표인(標人)이 아니라서 – 라는 말은 나는 본래로 무명무상(無名無相)의 진인(眞人)이라는 뜻.
* 목후(沐猴) : 미후(獼猴)로, 작은 원숭이를 말한다.
* 방식지헌(方食知獻) : 먹이를 먹다가 바칠 줄 아나니 – 라 함에는 정념(情念)이 있지 아니하다. 정념(情念)이 없으므로 혜안(慧眼)이라 한다.
* 원(猿) : 큰 원숭이를 말한다.
* 왕손(王孫) : 목후(沐猴)이다. 호손(胡孫, 猢猻)이라고도 한다.
* 유자(柳子) : 유종원(柳宗元, 773~819)을 말한다. 유종원이 지은 「증왕손문(憎王孫文)」에 "상수가 유유히 흐름이여, 그 위에 뭇 산이 있도다. 어찌하여 이쪽은 울창하고 저쪽은 초췌한가. 그 속에 착한 놈, 악한 놈이 거처를 달리해 살고 있어서라오. 악한 놈은 왕손이고, 착한 놈은 원이라오. …… 왕손이 몹시 밉건만 아, 산신령은 어찌하여 그놈을 편히 살게 하는가.[湘水之㴔㴔兮 其上群山 胡兹鬱而彼瘁兮 善惡異居其間 惡者王孫兮善者猿 …… 王孫兮甚可憎 噫山之靈兮胡逸而居]"라 하였다. 왕손(王孫)은 목후(沐猴), 곧 미후(獼猴)의 별칭이다. / 원(猿)에게 무엇이 부끄러우랴[何愧於猿] : 유종원(柳宗元)이 수목을 해치는 악한 동물로 목후(沐猴)를 지목하고, 선한 원(猿)과 대비하였으나, 아라한(阿羅漢)께 과일을 바치는 것을 볼 때, 원(猿)에 손색이 없는 선한 동물이라는 말이다.

第四尊者

彼問云何	피문운하	그의 물음이 무엇이기에
計數以對	계수이대	손가락으로 꼽아가며 답하시네
爲三爲七	위삼위칠	셋 일곱, 세는 주인옹(主人翁)을
莫有知者	막유지자	아는 사람이 없다오
雷動風行	뇌동풍행	우레가 치고 바람이 부는 것
屈信指間	굴신지간	손가락 구부리고 펴는 사이에 있나니
汝觀明月	여관명월	그대는 보라, 밝은 달이
在我指端	재아지단	내 손가락 끝에 있음을.

* 주인옹(主人翁) : 자성(自性). 진심(眞心).

* 뇌동풍행(雷動風行) : 인생의 풍파(風波).
* 굴신(屈信) : 굴신(屈伸)과 같다.

第五尊者

形與道一 형여도일 　 형상(形狀)과 도(道)는 하나라
道無不在 도무부재 　 도(道)가 있지 않은 바가 없나니
天宮鬼府 천궁귀부 　 천당과 지옥
奚往而礙 해왕이애 　 어디를 간들 막힘이 있으리오.
婉彼奇女 완피기녀 　 아리따운 저 신녀(神女)가
躍于濤瀧 약우도롱 　 거센 물결 속에서 나오나니
神馬尻輿 신마고여 　 정신과 육체를 말과 수레로 삼아
攝衣從之 섭의종지 　 옷깃을 걷어쥐고 좇아간다오.

* 형여도일(形與道一)은 신심일여(身心一如)과 같은 뜻이다. 증도가(證道歌)의 환화공신즉법신(幻化空身卽法身)과 통하는 소식이다. 이는 높고 밝은 경지이다. 군말은 여기서 그친다.

* 정신과 육체를 수레와 말로 삼아[神馬尻輿] : 신마고여(神馬尻輿)는 고륜신마(尻輪神馬) 또는 줄여서 고륜(尻輪)이라고 한다. 육체를 수레로 삼고 정신을 말로 삼아 자유롭게 노닌다는 말이다.

- 《장자》〈대종사(大宗師)〉에 "조물주가 나의 엉덩이를 점점 변화시켜 수레바퀴로 만들고 나의 정신을 말로 변화시킨다면, 내가 이것을 이용하여 타고 다닐 것이니, 어찌 다시 수레가 필요하겠는가.[浸假而化予之尻以爲輪, 以神爲馬, 予因以乘之, 豈更駕哉?]"라고 하였다.

第六尊者

手拊雛猊 수부추예　손으로 어린 사자를 어루만지며
目視瓜獻 목시과헌　눈으로 외[瓜] 바치는 것을 지켜보나니
甘芳之意 감방지의　달고 향기로운 뜻이
若達于面 약달우면　얼굴에 두루 퍼지는 듯.
六塵竝入 육진병입　육진(六塵)이 함께 몰려도
心亦遍知 심역편지　마음(眞心)은 또한 두루 아나니
卽此知者 즉차지자　이러히 지혜(智慧)를 나투는 이가
爲大摩尼 위대마니　바로 대마니(大摩尼)라오.

* 대마니(大摩尼) : 자성(自性), 진심(眞心). 대적광지(大寂光智).

第七尊者

我以道眼 아이도안　나는 도안(道眼)으로
爲傳法宗 위전법종　법종(法宗)을 전하고,
爾以願力 이이원력　너는 원력(願力)으로
爲護法龍 위호법룡　불법을 수호하는 용이 되었노니.
道成願滿 도성원만　도(道)를 이루어 서원을 채우면
見佛不怍 견불불작　불(佛)을 만나도 부끄럽지 않으리.
盡取玉函 진취옥함　경전(經典) 담은 옥함을 모두 취하여
以畀思邈 이비사막　손사막(孫思邈)에게 베풀지라.

* 손사막(孫思邈, 581~682) : (隋)와 초당(初唐)의 명의(名醫)요, 신선가(神仙家)의 고사(高士). 의서(醫書) 비급천금요방(備急千金要方)과 천금익방(千金益方)이 손사

막(孫思邈의 저작이다.

- 육조(六朝)시대부터 불로장수약이라고 불리던 오석산(五石散)의 해독(害毒)을 해설하였다. 명산에 은퇴하여 당태종(唐太宗)이 불러도 가지 않고, 불교와 도교를 공부하였으나, 끝내 개오(開悟)하지 못했다.
  소동파(蘇東坡)가 손사막(孫思邈)의 공부를 위하여 불경(佛經)을 갖다 주라고 한 것이다.

第八尊者

爾以捨來 이이사래　　그대는 희사(喜捨)하러 오고
我以慈受 아이자수　　나는 자비(慈悲)로 받아서
各獲其心 각획기심　　각기 마음[眞心]을 밝혔나니
寶則誰有 보칙수유　　이 보배는 누구의 소유인가.
視我如爾 시아여이　　나 보기를 그대 몸처럼 한다면
取與則同 취여즉동　　취하고 주는 게 한 가지라.
我爾福德 아이복덕　　나와 그대의 복덕(福德)은
如四方空 여사방공　　저 사방 허공(虛空)과 같나니라.

* 시아여이(視我如爾) : '나 보기를 네 몸처럼 한다면'은 방외(方外)의 소요인(逍遙人)의 절구이다. 장자(莊子)에 "천지여아동근(天地與我同根)이요, 만물여아위일(萬物與我爲一)"이라 함과 같은 소식이다. 그러한즉 누가 여기에 합할 것인가? 이는 현성(賢聖)의 경지라, 범부가 사유(思惟)로 헤아려 판단하기 어렵다.

- 정호(程顥)도 동림상총(東林常總)에게 의지하여 호등지견(弧燈知見)이 열린 후, 개오송(開悟頌)에 이 구절을 인용하여 자견(自見)으로 삼았다. 그러나 범부라도 정일(精一)하여 소성성(小惺惺)에 합하면, 그 진체(眞體)의 음미(吟味)가 깊어져서 그 오취(澳趣)를 측지(測知)할 수 있다고 하겠다.

第九尊者

飯食已畢 반식이필　　식사를 다 마치고
襆鉢而坐 복발이좌　　바리때를 보자기로 덮고 앉았는데,
童子茗供 동자명공　　동자는 차를 공양하려고
吹籥發火 취약발화　　대통을 불어 불을 피우네.
看山飮茶 간산음다　　산 바라보며 차 마시나니
淵乎妙哉 연호묘재　　깊고도 미묘(微妙)하도다.
空山無人 공산무인　　텅 빈 산에는 아무도 없는데
水流花開 수류화개　　물 흐르고 꽃이 피누나.

* 불사(佛事)를 일으키다. : 무심(無心)으로 행주좌와(行住坐臥)에 나아감. 이는 대도인(大道人)의 풍모(風貌)이다. 무심(無心)은 무정(無情)과 같은 뜻이요, 정념(情念)의 적멸(寂滅) 즉 대적(大寂)을 의미한다.

* 空山無人(공산무인) : 텅 빈 산에 아무도 없다는 것은 범부가 유심(有心)으로 모습에 거처하나, 본래(本來)로 무심(無心)하다는 뜻.
고덕이 아무일체심(我無一切心)인댄 하용일체법(何用一切法)이리오 - 라 하였고, 열반경에 일체중생실유불성(一切衆生悉有佛性)이라 하였다.

* 水流花開(수류화개) : 물 흐르고 꽃이 피는 소식이라, 이 마음의 본래를 표상함이거니, 무정도인(無情道人)이 아니면 합하지 못한다. 이는 진심(眞心)의 묘체(妙體)와 묘용(妙用)을 드러낸 구(句)이다.

* 황산곡이 "만리청천(萬里靑天) / 운기우래(雲起雨來) / 공산무인(空山無人) / 수류화개(水流花開)" - 라 읊음이라, 소동파의 구(句)에, 황산곡의 자득지미(自得之味)를 얻은 것이다. 뒷날 황산곡이 나한송을 읊음에 정좌처다반향초(靜坐處茶半香初) 묘용시수류화개(妙用時水流花開) - 라 소음(素吟)한 것도, 소동파의 의취(意趣)에서 청신(淸新)을 얻은 것이다.

第十尊者

飛仙玉潔	비선옥결	옥처럼 깨끗한 비선(飛仙)과
侍女雲眇	시녀운묘	아득한 구름 위의 侍女가
稽首炷香	계수주향	머리를 조아리고 香을 사르며
敢問至道	감문지도	지도(至道)를 묻고 있네.
我道大同	아도대동	나의 도(道)는 대동(大同)이라
有覺無修	유각무수	깨달음은 두나 닦음이 없나니,
豈不長生	기불장생	어찌 장생(長生)하지 않으리오만
非我所求	비아소구	내가 구(求)하는 것이 아니라오.

* 유각무수(有覺無修) : 깨달음은 두나 닦음이 없다. 최상승(最上乘)의 문(門)에는 닦음을 두지 않고 깨침만 있다는 뜻. 이는 소승(小乘)과 중승(中乘)의 범부가 생각으로 헤아려 통해(通解)하기 어려운 경지이다.

* 조사(祖師)의 무심론(無心論)에 일체사상(一切事上)에 각료무심(覺了無心)이면 즉시수행(卽時修行)이라 – 하였으니, 곧바로 진심(眞心)을 가리킨 도리이다.

* 범부가 본래 무심(無心)이라서, 닦는다 해도 더함이 아니요, 닦지 않는다 해도 더러워지지 아니하는지라, 그 닦음이, 닦음 없는 닦음이라야 올곧은 공부라는 뜻이다

第十一尊者

前聖後聖	전성후성	전성(前聖)과 후성(後聖)이
相喩以言	상유이언	일깨워 말씀해 주시니
口如布穀	구여포곡	뻐꾸기가 울어대듯 懇曲하지만
而意莫傳	이의막전	뜻은 傳할 수 없다네.

鼻觀寂如 비관적여　　비관(鼻觀)해서 적여[大寂]하면
諸根自例 제근자열　　육근(六根)이 절로 있지 아니하나니
孰知此香 숙지차향　　누가 아리오, 이 향 한 가닥
一炷千偈 일주천게　　일천 수의 게송(偈頌)인 줄을.

* 전성후성(前聖後聖) : 전성(前聖)은 전세불(前世佛)인 석가모니(釋迦牟尼)를 이르고, 후성(後聖)은 후세불(後世佛)인 조사(祖師)와 아라한(阿羅漢)을 말한다.

* 포곡(布穀) : 뻐꾸기이다. 뻐꾸기가 사람들에게 봄에 때맞춰 파종(播種)하라고 '포곡포곡'하며 울어댄다고 하여 붙여진 이름이다.

– 전성(前聖)인 석가모니(釋迦牟尼)와 뒷세상의 아성(亞聖)인 아라한(阿羅漢)이, 뻐꾸기가 사람들에게 봄에 때맞춰 파종(播種)하라고 울어대듯 간곡하게 일러준다는 말이다.

* 비관(鼻觀) : 관법(觀法)의 하나. 코끝을 바라보며 반조함. 자성(自性)을 반조(返照)하는 관법(觀法)의 하나이나 끝내는 반조하는 당체이다..

* 열(例) : '막다'라는 뜻이다. '열(迾)'자와 통한다.

第十二尊者

默坐者形 묵좌자형　　묵묵히 앉아 있는 것은 몸뚱이
空飛者神 공비자신　　허공으로 나는 것은 정신이라,
二俱非是 이구비시　　둘 다 모두 참이 아니거니
孰爲此身 숙위차신　　무엇이 이 몸[眞身]이런가.
佛子何爲 불자하위　　불자(佛子)들은 어찌하여
懷毒不已 회독불이　　삼독(三毒) 품기를 그치지 않는가.
願解此相 원해차상　　독상(毒相) 벗기를 원하거든

問誰縛爾 문수박이　누가 너를 속박하는지 물어보라.

* 정신(精神) : 여기서는 망심(妄心)을 가리킨다.
* 삼독(三毒) : 탐진치(貪瞋癡).
* 삼독상(三毒相) : 탐진치(貪瞋癡)의 허망한 모습.

* 속박(束縛)하는 자 : 속박(束縛)하는 이는 곧 자기의 망심(妄心)에 속은 진아(眞我)이다. 망심(妄心)이란 일체의 지식(知識)과 지식(知識)으로 지어가는 관념(觀念)이다. 관념(觀念)이므로 지식(知識)을 허상(虛像)이라 한다. 허상(虛像)은 관념(觀念) 속의 약속(約束)과 편견(偏見)이므로 공(空)하다고 하는 것이다.

– 고로 망심(妄心)은 공(空)하다. 공(空)하므로 본래(本來) 없는 것이다. 범부중생은 이 공(空)한 망심(妄心)의 노예로 인생을 꾸리기에, 속박(束縛)하는 자를 스스로 찾아서, 속박의 내용이 허상(虛像)임을 확인하여, 속박에서 벗어나라고 하는 것이 불법(佛法)의 대요(大要)이다.

第十三尊者

是與我同 시여아동　이 호랑이도 나와 다를 바 없어
不噬其妃 불서기비　자기 아내는 물지 않는데
一念之差 일념지차　한 생각이 어긋나면
墮此髬髵 타차비이　갈기 세우고 으르렁대는
　　　　　　　　　– 이 호랑이무리[禽獸]로 떨어진다오.
導師悲愍 도사비민　도사(導師)가 불쌍히 여겨
爲爾顰歎 위이빈탄　너를 위해 걱정하고 탄식하나니
以爾猛烈 이이맹렬　너의 사나움[勇猛]으로도
復性不難 복성불난　자성(自性)을 회복하기 어렵지 않다네.

* 회복(回復) : 불법(佛法)의 각(覺)은, 범부가 자성(自性)을 스스로 회복(回復)하게

하는데 있다. 타력(他力)이나 기타의 방설(方說)은 가랑잎으로 아이를 달래는 설(說)일 뿐이다.

第十四尊者

彼髯而虯 피염이규 저 구레나룻의 호인(胡人)
長跪自言 장궤자언 꿇어앉아 자신의 죄를 말하는데,
特角亦來 특각역래 뿔 하나 달린 규룡(虯龍)이 또
身移怨存 신이원존 몸은 바뀌어도 원한은 그대롤세.
以無言音 이무언음 무언(無言)의 소리로
誦無說法 송무설법 무설(無說)의 법을 외우자,
風止火滅 풍지화멸 바람 그치고 불은 꺼져
無相仇者 무상구자 서로 원수 된 자, 흔적이 없네.

* 무언(無言)의 소리 : 진심(眞心)의 무위묘행(無爲妙行). 청정광명(淸淨光明)의 무진향성(無盡香聲).

* 무설(無說)의 법(法) : 진심(眞心)의 무위묘설(無爲妙說). 곧 일상(日常)의 견문(見聞)과 좌와(坐臥).

* 무심(無心)으로 설(說)함이 무위법(無爲法)이요, 무위법(無爲法)의 내용이 무설(無說)의 법(法)이다.

第十五尊者

聞法最先 문법최선 불법을 들은 것 가장 빠르고
事佛亦久 사불역구 부처를 섬긴 지도 오래된 데다

耄然衆中 모연중중 대중 가운데 나이도 많으니
是亦長老 시역장로 이 사람이 역시 장로(長老)라오.
薪水井臼 신수정구 나무하고 물 긷고 절구질하는 것은
老矣不能 노의불능 늙어서 못하지만,
摧伏魔軍 최복마군 마군(魔軍)을 꺾어 굴복시킴에는
不戰而勝 부전이승 싸우지 않고도 승리한다오.

* 마군(魔軍) : 망심(妄心). 번뇌(煩惱).
* 부전이승(不戰而勝) : 불수이오(不修而悟).

* 원각경(圓覺經)에 이환즉진(離幻則眞)이라 하였다. 풀건대, "환심(幻心)을 여의면 곧 진심(眞心)이 드러나니라" – 라. 이는 불법(佛法)이 환심(幻心)을 여의는데 있을 뿐, 따로이 수행(修行)을 두지 아니한다는 뜻이다. 여기에 합한 연후라야 상지(上智)의 공부에 나아갈 수 있다.

第十六尊者

盆花浮紅 분화부홍 화분의 꽃은 화사히 붉고
篆烟繚青 전연료청 피는 향연(香煙)은 푸른빛이라
無問無答 무문무답 물음도 없고 답도 없이
如意自横 여의자횡 여의봉(如意棒)만 비껴 있다오.
點瑟既希 점슬기희 증점(曾點)의 거문고 소리 희미하고
昭琴不鼓 소금불고 왕소군은 비파를 타지 않는데
此間有曲 차간유곡 이 사이에 가락[曲調]이 있어
可歌可舞 가가가무 노래하고 춤을 춘다네.

* 왕소군(王昭君)의 비파소리: 원문의 '소금(昭琴)'을 풀이한 것이다. 소금(昭琴)은

왕소군(王昭君)이 흉노(匈奴)에게 강제로 시집갈 때, 지어서 연주했다는 금곡(琴曲) 「소군원(昭君怨)」을 말한다.

* 차간유곡(此間有曲) : 이 사이에 가락[曲調]이 있음이라, 범부의 인생 본원(本源)이 무진연천(無盡淵泉)임을 뜻한다. 이는 속제(俗諦)를 떠난 방외(方外)의 소식(消息)이다.

* 인생 본원이 본무고금(本無古今)이요, 원시반종(原始反終)임을 가리킨다. 이러한 경지에 이르면, 어묵동정(語默動靜)이 곧 어찌 가가가무(可歌可舞)가 아니겠는가?

第十七尊者

引之浩茫 인지호망 넓고 아득한 곳으로 이끌어 가면
與鶴皆翔 여학개상 학(鶴)과 함께 하늘을 날고,
藏之幽深 장지유심 깊고 그윽한 곳에 감추면
與魚皆沈 여어개침 물고기와 함께 물에 잠긴다오.
大阿羅漢 대아라한 대아라한(大阿羅漢)이
入佛三昧 입불삼매 불삼매(佛三昧)에 드시니,
俯仰之間 부앙지간 부앙(俯仰)하는 사이에
再拊海外 재부해외 두 번, 바다 저 밖을 두드린다네.

* "넓고 아득한 곳으로 이끌어 가면[引之浩茫]"과 "깊고 그윽한 곳에 감추면[藏之幽深]"은 도심(道心)의 비은(費隱)을 설명한 것이다. 도심(道心)은 모습이 없기에 찾으면 있지 않은 듯 하고, 찾지 않을 때도 없지 않은지라, 부득이(不得已) 비유(比喩)나 은유(隱喩)로써 설명하는 것이다.

* 대아라한(大阿羅漢) : 화엄오지보살(華嚴五地菩薩)의 경지라 전한다.
* 불삼매(佛三昧) : 대적삼매(大敵三昧)

* 재부(再拊) : 두 번 두드리다. 부앙(俯仰)을 다시 이르는 말.
* 해외(海外) : 방외(方外) 곧 육합(六合)의 바깥. 곧 범부의 인식세계의 밖.

第十八尊者

植拂支頤 식불지이 불자(拂子)를 세우고 턱을 괜 채
寂然跏趺 적연가부 고요하게 가부좌를 하였는데,
尊者所游 존자소유 존자(尊者)가 노시는 곳
物之初耶 물지초야 만물의 시원(始元)이 아니런가.
聞之於佛 문지어불 들건대 부처님과
及吾子思 급오자사 우리 자사(子思)님
名不用處 명불용처 이름을 쓰지 않은 자리 [가리켜]
是未發時 시미발시 미발(未發)의 때라 하였네.

* 자사(子思) : 공자의 손자. 대학(大學)과 중용(中庸)을 짓다. 중용(中庸)에 미발지시(未發之時)를 조술(祖述)하여 뒷사람을 깨우치다. 미발(未發)이란 도심(道心)의 본연(本然)을 가리킨 것이다.

* 청허휴정(淸虛休靜)과 감산덕청(憨山德淸)이 대학(大學)과 중용(中庸)에 선리(禪理)의 요목(要目)이 있다고 하였다. 청허(淸虛)는 유가귀감(儒家龜鑑)을 짓고, 감산(憨山)은 대학직지(大學直指)와 중용직지(中庸直指)를 지었다. 감산(憨山)대사의 육신은 지금도 중국 남화사(南華寺)에, 육조대사(六祖大師)와 함께 모셔져 있는데, 생전의 모습과 다르지 않다.

* 미발(未發)의 때 : 범부의 본원자성(本源自性). 부모미생전면목(父母未生前面目). 진심(眞心).

21. 시홀방장 十笏方丈

我觀維摩方丈室　아관유마방장실
能受九百萬菩薩　능수구백만보살
三萬二千師子座　삼만이천사자좌
皆悉容受不迫窄　개실용수불박착
又能分布一鉢飯　우능분포일발반
饜飽十方無量衆　염포십방무량중

내가 [四方十尺] 유마(維摩)의 방을 보나니
능히 구백만 보살(菩薩)을 수용하고
삼만 이천 사자좌(師子座)를 폄이라,
다 다 들이고도 비좁지 아니토다.
또한 능히 한 발우(鉢盂) 밥을 나누어
시방(十方)의 한량없는 중생을 배불리도다.

三碧解

동파의 시홀방장(十笏方丈)은 유마(維摩)의 견처(見處)에 합(合)한 소식(消息)이라, 그 경지(境地)가 높디 높다고 할 것이다. 미혹범부는 자기를 우주 속의 한 점으로 보지만, 깨친 이는 우주만물을 자기 속의 그림자로 본다. 그러하기에 그렇게 송(頌)한 것이다. 이 도리(道理)에 나아가거나 물러서는 것은 독서인의 자품과 홍취에 달렸다. 유마경(維摩經)강설을 집필하던 만해(萬海)도 四方十尺 유마방(維摩房)의 구절에 이르러 붓을 꺾었다.

추사(秋史)가 젊은 날, 영천 은해사(銀海寺) 백흥암(百興庵)의 주련(柱聯)에 소동파(蘇東坡)의 시홀방장(十笏方丈)을 적었다. 동파를 숭모하던 추사가, 시홀방장(十笏方丈)의 시취(詩趣)에 대략의 감응이 있었던 것이라 하겠다.

추사의 시취(詩趣)는 비록 그러하나 선리(禪理)에 밝지 못해 일생의 화두(話頭)로 삼았다고 한다.

추사가 삼십여년을 노력 또 노력하여, 만년에 마침내 호등지견(弧燈知見)이 열려 읊는다.

不作蘭花二十年	난화(蘭畵) 안 그린지 이십 년
偶然寫出性中天	우연히 성천(性天)에서 그려져 나왔네.
閉門覓覓尋尋處	문 닫고 앉아 찾고 찾고 찾던 자리
此是維摩不貳禪	이 마음[道心]이라, 유마(維摩)의 불이선(不貳禪) 아니런가.

세한도(歲寒圖)는 1844년 추사 59세 때 그렸는데, 수제자 이상적(李尙迪)에게 그려 준 것이다. 세한도(歲寒圖)의 의미는 추위가 온 뒤에야 소나무와 잣나무가 늦도록 푸르른 줄 안다는 논어(論語)의 말이다. 이는 곧 자기(自己)의 도심(道心)을 밝힌 이후라야 사람의 도심(道心)이

본래로 원시반종(原始反終)하며 무성무취(無聲無臭)하며 자강불식(自强不息)하는 줄 알게 된다는 공자의 비유설(譬喻說)이다.

다시 말해 개오(開悟)해야 오경(悟境)을 알 수 있다는 뜻이다. 세한도(歲寒圖)를 그릴 즈음의 추사는 천망지견(天網知見)에 나아간 듯하다.

추사는 담계(覃溪) 옹방강(翁方綱, 1733~1818)의 영향으로 동파를 숭모하였다. 시서화(詩書畵) 삼절(三絶)인 신위(申緯, 1769~1847)도 추사의 소개로 옹방강을 만난다. 신위도 옹방강의 문인이 되어 추사와 함께 동파의 초상(肖像)에 조석으로 예배하였다.

또한 추사는 옹방강의 고증학(考證學)을 배워 금문(金文)과 석문(石文)에 일가를 이루었다. 금석문(金石文)에서 취하여 고증(考證)하는 일을 실사구시(實事求是)라 하였던 것이다. 실사구시(實事求是)는 청(淸)의 고염무(顧炎武, 1613~1682)에게서 처음 나온 말이다.

추사의 학(學)이 한 갈래, 강화학파(江華學派)로 이어져 뒷날 이건승(李建昇)의 문인 정인보(鄭寅普)가 고증학의 뒤를 이어 실사구시(實事求是)를 주창했는데, 후인들이 실사구시(實事求是)를 실학(實學)의 명제(命題)로 오인하여, 오늘날에는 유학(儒學)의 실학(實學)으로 인식하는 오류를 범하고 있는 것이다.

유학의 본원은 심학(心學)이다. 심학(心學)의 본원에 계합하면 실학(實學)이요, 계합하지 못하면 허학(虛學)이다. 지금 학계에서 말하는 실학(實學)은 실용학(實用學)에 불과하며, 공자의 심학(心學)과는 관련이 없다. 실학(實學)이 실학(失學)이 되고만 것이라 하겠다. 咿! 賤而好自專也!

추사가 백홍암 진영각(眞影閣)에 "산해숭심(山海崇深)"이라 썼다. 이는 담계의 고증담론인 "고고증금(攷古證今) 산해숭심(山海崇深)"에서 가져온 것이다. 어찌 공자심학의 실학(實學)과 일상의 실용학(實用學)도 구별 못하는 학(學)의 천박이 안타깝지 않을손가. 시홀방장(十笏方丈)을 개연하다가 잠시 방가(方家)의 세실로 흘렀다.

선(禪)을 말하고 직지(直指)로 드러내려는 자는 방(棒)과 할(喝)과 묵언(默言)을 떠나서 조용히 한 문장(文章)이나 한 기미(機微)로 시홀방장(十笏方丈)의 의지(意旨)를 드러내야 한다. 만약 그러하다면 천망지견(天網知見)에 넉넉히 다가갔다고 할 수 있다. 당금의 그대는 일어서서 곧바로 갈 수 있는가? 범곡(梵谷)에서 통도사(通度寺)까지 팔십 리일세!

22. 니원일로 泥洹一路

我少卽多難　아소즉다난
這回一生中　저회일생중
百年不易滿　백년불이만
寸寸彎强弓　촌촌만강궁
老矣復何言　노의부하언
榮辱本來空　영욕본래공
泥洹尙一路　니원상일로
所向餘皆窮　소향여개궁

* 泥洹 : 涅槃

내 젊은 시절 어려움이 많아
일생(一生)을 이리저리로 떠돌며 살아 왔네.
백년 세월 쉽게 차지 않나니
걸음마다 무념성성(無念惺惺)을 당긴다네.
이미 늙었거니 다시 무슨 다른 말을 하겠는가!
영(榮)과 욕(辱)은 본래로 빈 것.
열반적정(涅槃寂靜) 한 길 만을 숭상(崇尙)하나니
향하는 바에 오롯 온 힘 다한다네.

三碧解

동파 62세 1097년 作이다.

혜주(惠州)의 유배지에서 더욱 황량한 해남도(海南島) 담주(儋州)로 옮기라는 명을 받고, 아우 소철(蘇轍)에게 보낸 시이다. 하세(下世) 4년 전의 심처(心處)를 엿 볼 수 있다.

4구'걸음마다 강한 활을 당긴다네.'는 무념성성(無念惺惺)에 거처함을 더욱 오롯하게 하여 십이시(十二時)에 성성(惺惺)하고자 한다는 뜻이다. 동파에게는 주야(晝夜)로 무념성성(無念惺惺)하는 것만이 귀할 뿐이다. 4구와 8구는 견성(見性) 이후의 공부길로써 범부(凡夫)가 헤아릴 수 있는 범위 밖이다. 니원(泥洹)은 열반(涅槃)의 뜻이다.

7구의 '열반적정'이란 대적묘각(大寂妙覺)의 불지(佛地)를 의미한다. 8구에 '오롯이 온 힘을 다한다.' 한 것은 무수이수(無修而修)의 뜻이다. 무수이수(無修而修)란 정념(情念) 없음에 거처하여, 대적무심(大寂無心)을 향한 공부이다. 무수이수(無修而修)는 높은 실지(實地)라, 구전심수(口傳心授)의 사제(師弟)와 도반(道伴)이 가까이 할 수 있는 경지이다.

동파의 만년에 밝힌다. 도연명(陶淵明), 백거이(白居易), 사계선사(師戒禪師) 등이 동파의 전생(前生)이었다고. 그의 글에'是吾前生' '吾前世' '我是淵明' 등이 보인다. 동파는 숙세(宿世)에 소박(素朴)하고 청빈(淸貧)하며 애민(愛民)하는 진실한 수행자(修行者)이다. 시(詩), 남화사(南華寺)에서 밝힌다.

我本修行人　나는 본시 수행인(修行人)이라
三世積精煉　숙세(宿世)에 정련(精煉)을 쌓았나니.

동파는 시절인연(時節因緣)을 따라 부득이(不得已) 세상에 이름이 드러났으나, 본래의 뜻은 소박(素朴)한 삶으로, 무위(無爲)를 배우는 것이었다. 62세 동파노인(東坡老人)의 목표는 오직 열반적정(涅槃寂靜)이다. 열반적정(涅槃寂靜)만을 구하는 동파의 공부는, 짐작컨대 행불퇴지(行不退地)에 이른 듯하다. 아래의 절구(絶句)로써 동파의 경지(境地)를 짐작해 본다.

芳草萋萋雲漠漠　방초처처운막막
不妨庶幾箇惡手　불방서기개오수

방초 우거지고 구름은 고요하네.
몇 가지 좋지 않은 버릇, 방해롭지 않아라.

* 萋(처) : 풀이 성하게 우거진 모양.　漠(막) : 조용하다.

23. 고정 古井

我詩誰云拙　아시수운졸
心平聲韻和　심평성운화
年來煩惱盡　년래번뇌진
古井無由波　고정무유파

나의 시(詩)가 비록 졸렬(拙劣)하다고 하나
마음이 평평하면 성운(聲韻)이 절로 화(和)한 법.
여러 해 전부터 번뇌(煩惱)가 모다 없어졌나니
옛 우물[眞心]은 물결이 일지 않는다네.

三碧解

동파 64세 1099년 作이다.

1구에 자신의 시를 졸렬(拙劣)하다고 한 것은, 소동파는 사(詞)를 제외하고는 율(律)을 무시하기도 하고, 세상사나 주위의 사물을 끌어다가 생각나는 대로 읊조리고, 용사(用辭)의 자유로움이 시(詩)의 품격(品格)을 해친다는 세평(世評)에 대한 화답(和答)으로 보인다.

동파는 문(文)이란 생각을 전달하기만 하면 된다고 했다. 문(文)이

품격(品格)과 격식(格式)에 치우치면 뜻을 왜곡(歪曲)하기 쉽고 허세(虛勢)에 치우칠 수 있기 때문이다.

동파 사후 천년세월에 동파를 혐훼(嫌毁)하는 무리가 없지 않았으나, 그 혐훼자(嫌毁者)를 가소롭게 보는 청량문사(淸凉文士)가 세재(世才)의 거의 전부라 하겠다. 다가오는 삼천년에도 동파 같은 이는 만나기 어려울 것이다.

2구에 마음에 정념(情念)이 없으면 시(詩)를 지음에 성운(聲韻)이 절로 따르는 것이라 한다.

3구에는 이미 여러 해 전에, 번뇌(煩惱)가 온전히 끊어졌음을 밝힌다.

4구의 옛 우물(古井)은 진심(眞心)에 비유한 것이다. 진심(眞心)의 체성(體性)에는 본래(本來)로 번뇌(煩惱)가 살지 아니함함을 밝혔다. 이 말이 어려워 아는 이가 드물다.

범부가 공부하여 번뇌가 없어져서 평평(平平)해지면 성운(聲韻)이 절로 따르리라. 동파에 의하면, 진심(眞心)에는 칠정(七情)의 파도가 일지 않는다고 한다.

동파가 참마음[眞心]에 파도가 일지 않음에 계합(契合)하였음이, 어찌 당세(當世)에 이루어진 공부이겠는가.

동파거사의 문집(文集)과 전등록(傳燈錄) 등에 의하면, 전세에 도연명(陶淵明), 백거이(白居易), 오조사계(五祖師戒)였다. 그렇다면 700여 년을 수행자로 살아온 것이다.

도연명은 청빈(淸貧)으로 묵좌(默坐)를 즐겼으며, 백거이는 청빈(淸貧)과 애민(愛民), 염불(念佛), 묵좌(默坐)하여 만년에 개오(開悟)하였다. 오조사계(五祖師戒)는 지견(知見) 밝은 선승(禪僧)이었다.

동파는 숙세에 소박(素朴)과 청빈(淸貧), 묵좌(默坐)와 회광반조(廻光返照)에 묵은 습(習)이 있어, 깊은 공부에 들고 필경에 밝은 경지를 자득하였던 것이다. 그리하여 참마음[眞心]에 파도가 없는 도리를 말하는 것이다. 배우는 이는 오직 한결같이 공부에 힘써 동파거사의 경지를 만나야 할 것이다. 백거이(白居易)가 진심(眞心)에 합하여 진심(眞心)의 체성(體性)과 중묘(衆妙)를 읊은 상시(上詩)를 본다.

竹影掃階塵不動　죽영소계진부동
月光穿海水無痕　월광천해수무흔
水流任急境常靜　수류임급경상정
落花雖頻意自閑　낙화수빈의자한

대 그림자 뜰을 쓰나, 섬돌 티끌 꼼짝 아니하고
달빛이 바다를 뚫어도, 물에는 흔적이 없네.
물은 급하게 흘러도, 그 체경(體境)은 항상 고요하고
꽃 자주 지나, 낙화(落花)는 스스로 한가할세라.

24. 혜산 惠山

虛明中有色　허명중유색
淸淨自生香　청정자생향
還從世俗去　환종세속거
永與世俗忘　영여세속망

허정각명(虛淨覺明) 가운데 만물이 왕래(往來)하나니
청정자성(淸淨自性)이 스스로 향기를 나투누나.
되돌아 세속(世俗) 따라 그 속을 살아가나
영원히 세속(世俗)을 잊었네라.

三碧解

동파 64세 1099년 작이다.

1구의 허명(虛明)은 진심(眞心)의 체(體)를 가리킨다. 허명(虛明)은 허명이조(虛明而照)의 줄인 말이다.

> "진심(眞心) 가운데 삼라만상(森羅萬象)이 스스로 오간다."

는 뜻이다. 2구는 진심(眞心)의 해맑고 두렷한 체성(體性)의 현묘(玄妙)한 작용을 드러낸 것이다.

3구와 4구는 몸과 마음을 모두 잊은 경지(境地)이다. 남양혜충국사(南陽慧忠國師)가 한 선객(禪客)에게 이른다.

> "나는 근래에 심신(心身)이 일여(一如)하여 마음 밖에는 아무 것도 없다. 그러므로 온전히 생멸(生滅)이 없는데, 너희 남방선(南方禪)은 몸은 무상(無常)하고 마음은 상(恒常)이라하니, 그렇다면 반(半)은 생(生)하고 반(半)은 멸(滅)하지 않는다고 하는 것이 아니냐. 내가 이마적 돌아보니 이런 경향이 더욱 심한 것을 보았다."
> [南陽慧忠國師 謂禪客曰 我此間은 身心一如하여 心外無餘라 所以全不生滅이어니와 汝南方은 身是無常이요 神性은 是常이라하니 所以로 半生半滅하고 半生不滅이라 又曰 吾比遊方에 多見此色이 近尤盛矣라]

혜충국사(慧忠國師)는 육조혜능대사(六祖慧能大師) 문하의 청원행사(青原行思) 남악회양(南嶽懷讓) 하택신회(荷澤神會) 영가현각(永嘉玄覺)과 더불어 오대종장(五大宗匠)의 한 분이다. 당시의 후배 선장(禪丈)인 서당(西堂), 단하(丹霞), 약산(藥山), 남전(南泉), 위산(潙山) 등이 참례(參禮)하고 법(法)을 물었다.

만년의 혜충(慧忠)국사는 북쪽에서, 마조(馬祖)선사는 남쪽에는 법을 폈는데, 마조(馬祖)문하 법사(法師)의 설에 '몸은 무상(無常)하고 마음은 상(常)이라'하므로 혜충국사가 반쪽 설법(說法)이라고 나무라는 것이다.

> "몸과 마음을 모두 잊었다.(身心具忘)"라고 자처하는 선객(禪客)은 혜충국사의 물음에 곧바로 답해야 할 것이다. 멈칫거리면 그르친 것이요. 입을 열면 곧 어긋난다. 이때를 당하여 할(喝)과 양구(良久)를 떠나서, 어떻게 답해야 귀굴(鬼窟)에 떨어지지 않을 것

인가? 咄!

심본무생(心本無生)의 게송(偈頌)을 본다.

假借四大以爲身　가차사대이위신
心本無生因境有　심본무생인경유
前境若無心亦無　전경약무심역무
罪福如幻起亦滅　죄복여환기역멸

사대(四大)를 빌려 몸으로 삼았나니
마음은 본래 무생(無生)이나, 경계 두어 있다하누나.
눈앞의 경계(境界)가 없다면, 마음[妄心] 또한 없나니
죄와 복이란 환(幻)이 일어났다 멸함과 같노라.

위에서 마음[心]이라 함은 망심(妄心)을 가리킨다. 배우는 이가 스스로 안목(眼目)이 생겨 진심(眞心)과 망심(妄心)을 가려서 보고 들을 줄 알아야 한다.

비록 고덕(古德)이 진심(眞心)과 망심(妄心)을 설하나, 범성(凡聖)의 차이는 다만 미오(迷悟)가 있을 뿐, 진심(眞心)에 있는 것이 아니다.

상게(上偈)의 핵심은 "심본무생(心本無生)" 넉자에 있다. 실다이 이르면 이 마음[眞心] 밖에 다른 마음[眞心]은 없다. 다만 그러하다.

25. 평생공업 平生功業

心似已灰之木　심사이회지목
身如不繫之舟　신여불계지주
問汝平生功業　문여평생공업
黃州惠州儋州　황주혜주담주

마음은 이미 재[灰]가 된 나무와 같고
몸은 마치 묶이지 않은 배[舟]와 같네.
평생 쌓은 공부(工夫)가 무어냐고 묻는다면
황주(黃州), 혜주(惠州) 그리고 담주(儋州)라 하리.

三碧解

동파 66세, 1101년 5월 28일 읊었다.

평생공업(平生功業)은 평생공부(平生工夫)의 대요(大要)를 말하는 것이다. 개오(開悟)와 수연(隨緣)과 성성(惺惺)의 과(果)가 20년 동안의 유배 가운데 있음을 말했다.

그 과(果)는 무정회심(無情灰心)이다. 무정회심(無情灰心)이란 생멸심(生滅心)이 멸진(滅盡)하여 모든 번뇌(煩惱)가 끊어짐이라, 곧 화엄

(華嚴)의 팔지(八地)에 이른 것을 의미한다. 동파는 평생공업(平生功業)을 읊고 두 달 뒤, 7월 28일 하세(下世)하였다.

동파거사가 금산사(金山寺)를 지나면서 자신의 초상화를 보고 평생공업(平生功業)을 읊은 것이다. 이용민이 소동파의 초상화를 그렸는데 금산사(金山寺)에서 보관하고 있었다. 동파의 초상(肖像)을 금산사에 보관하던 소이(所以)는 당시의 선가(禪家)에서 동파를 무심도인(無心道人)으로 존숭(尊崇)하고 있었기 때문이다.

대선장(大禪丈)인 동림(東林), 불인(佛印), 진정(眞淨), 도솔(兜率) 등의 선사(禪師)가 동파의 경지(境地)를 허여(許與)한지 오래이며, 이미 동파의 경지(境地)가 숙세(宿世)의 공력(工力)이 있음을 알고 있었기 때문이다.

명(明)나라 때, 금산사(金山寺)에 금산대사(金山大師)가 주석했는데, 금산대사는 정주학(程朱學)의 병폐(病弊)를 지적하여 유가(儒家)에 선명(鮮明)한 일로(一路)를 연 왕수인(王守仁)의 전신(前身)이다.

진강(鎭江)의 금산사(金山寺)는 동진(東晋)시대에 세워졌는데, 당송(唐宋) 때 홍성하였다. 금산사는 상주(常州)의 천녕사(天寧寺), 영파(寧波)의 천동사(天童寺), 양주(揚州)의 고민사(高旻寺)와 더불어 중국 선종의 4대사원이다.

남송(南宋) 때 금산(金山)은 아직 장강(長江) 안의 작은 섬이었기에, 만리를 흘러온 장강(長江)이 금산(金山)을 완상(玩賞)하며 수이 돌아흐르고 있었다.

19년 전 1082년 어느 날, 금산사에는 불인요원(佛印了元)선사가 있었다. 불인선사(1032~1098)는 홍주(洪州) 운거사(雲居寺)에 40년을 살다가 금산사에 왔는데, 황주(黃州)에 유배 온 동파를 만나 벗이 되었다. 47세의 동파가 금산사에 가니 불인(佛印)선사가,

"여기에는 앉을 자리가 없어 모실 수 없오."

하니 동파가 말한다.

"잠시 스님의 육신을 빌려 앉겠습니다."

불인(佛印)이 말한다.

"질문에 대답할 수 있으면 앉게 하겠지만, 답하지 못하면 거사의 옥대(玉帶)를 주시오."

또 불인(佛印)선사가 말하였다.

"거사가 이 산승(山僧)의 육신(肉身)을 빌려 앉겠다고 했는데, 육신(肉身)은 본래 빈 것이요, 오온(五蘊)은 있는 것이 아니니 어디에 앉겠오."

이에 동파가 답하지 못하였다. 동파가 옥대를 풀어 놓고 크게 웃으면서 나가자, 불인(佛印)선사는 행각(行脚)할 때의 납의(衲衣)를 동파에게 주었다. 불인(佛印)선사가 동파에게 숙제(宿題)를 준 것이다. 동파가 문제(問題)의 해의(解義)는 알았으나 실오(實悟)가 없었기에 말을 하지 않은 것이다.

이 숙제는 2년 뒤, 49세에 동림사(東林寺)에서 동림상총(東林常總)선사를 만나 풀었다. 불인(佛印)선사는 주돈이(周敦頤)와 장상영(張商英)의 스승이다. 주돈이는 동림선사에게 의지하여 만년에 개오(開悟)했다. 주돈이(周敦頤)는 소위 염계선생(濂溪先生)으로 불리며 북송오자(北宋五子)의 상수(上首)요, 장상영(張商英)은 뒷날 대혜(大慧)의 공부를 시험(試驗)한 고명(高明)한 거사이다.

1구에 칠정(七情)이 멸(滅)하여 진심(眞心)이 성성(惺惺)함을 밝혔다. 2구에는 몸을 한 때의 환신(幻身)이라 한다. 3구는 평생의 참 공부(工夫)를 말하고자 한 것이다. 4구는 20년의 유배(流配) 덕분에 소박(素朴)에 머물며 참 벗, 참 스승을 만나 인생공부(人生工夫)에 온 힘을 다하여 온전한 무심(無心)에 거처할 수 있었음을 밝힌 것이다.

동파가 하세(下世) 이틀 전에 옛 벗, 경산사(徑山寺) 유림선사(維琳禪師)가 상주(常州)에 문병을 왔다.

유림(維琳)선사가 말했다. "내가 문수(文殊)를 한 입에 삼키고, 천리를 달려와 병(病)을 묻는다."[我口呑文殊 千里來問疾]

동파(東坡)가 웃으며 답하였다. "큰 근심은 몸이 있는 인연(因緣)이라, 몸이 없으면 병(病)도 없다네."[大患緣有身 無身則無疾]

유림(維琳)이 지견(知見)이 생겨, 문수(文殊) 즉 지혜(智慧)를 들먹인다. 그러나 동파는 웃으며, 지혜 담는 그릇이 흩어질 때, 그대는 근심이 없겠는가? 하고 되묻는 것이다.

동파의 이 말은 노자(老子)에서 차용하여 술이부작(述而不作)의 경지에서 말없는 말을 보인 것이라 하겠다. 동파가 오래 전에 몸과 마음을 잊고, 휴헐(休歇)의 방외(方外)에 소요(逍遙)하는 줄을 유림(維琳) 화상이 어찌 알았겠는가?

方外大痴 終

後記

동파거사(東坡居士)의 살림살이를 동파추영(東坡抽影)과 한관직설(閑觀直說)과 망기노정(忘己路程)과 방외시(方外詩)로 나누어 절관(竊觀)해 보았다.

범부의 인생이란 부평초 같기도 하고 봄바람과 닮은 데가 있다고 할 것이다. 그러히 저러히 살아가는 범부의 삶 한 가운데 두렷하고 불변하는 하나의 소식(消息)이 있나니, 바로 항상하게 드밝아 지울래야 지울 수 없고, 먹칠하고 상채기를 내려해도 적연부동(寂然不動)하여 고금(古今)을 삼키고 대광명(大光明)을 쉼없이 토(吐)하는 도체(道體)가 있으니, 바로 범부 자신의 진심(眞心)이다.

그러하기에 공자(孔子)는 “범부가 나날이 이 도(道)를 쓰나 스스로 알지 못한다.”고 하였으며 또 “누가 이 문(門)을 통하지 않고 밖을 나갈 수 있겠는가? 그런데도 이 도(道)를 밝히려는 자가 드무니 어찌된 일인가?”라 하였다.

비록 학식(學識)이 얕고, 허드레 일을 하며, 낮은데 거처하더라도 소박(素朴)하게 관조(觀照)하며, 자기를 밝히려는 노력을 평생에 그치지 아니한다면 설사 금세에 도안(道眼)을 밝히지 못하더라도 자연히 깨끗한 몸을 이룰 것이다. 깨끗한 몸을 이루면 절로 손지우손(損之又損)의 공부를 알게 되고, 마침내 자기의 진심(眞心)이 눈앞에 나타날 것이다.

슬프다! 말세에 미친 말하는 이는 많으나 신심구망(身心俱忘)의 대력공부인(大力工夫人)이 드물구나. 그러나 미명(未明)을 밝히려는 굳센 이가 그치지 아니 할세라. 뒷세상에 어찌 어떤 사람이 나타나 대법(大法)을 펴지 않는다고 하리오!

어떤 사람이라, 지금의 그대가 아니고 다시 누구런가?

咄! 又 噫!

저자소개

노치허 盧菑虛.

三碧子, 梵村愚老, 碧峙病叟
단기4282년 蘆谷의 紫巖艸廬에서 生
片農而無學.
碧峙拙居處 : 010-4599-1746

* 半生을 咎愆으로 陋遊하고, 또 半生에 愚痴를 짊어지고
前世의 묵은 빚에서 벗어나지 못했더이.
七旬이 지나서야 晴明한 虛空과 벗하게 되었나니,
누가 있어 愚와 같이 멍청하게 세월을 보내겠는가.
或如 咎愆愚痴의 片片兎角을 엿보거든
虛空에 擇滅無爲의 落句라도 한마디 던지시게나.

著書

선심사가론 禪心四家論
선객 禪客
임제종풍 臨濟宗風
장자직해 莊子直解
수보소요무하유 誰步逍遙無何有
육경촬요 六經撮要
공자오처고설 孔子五處高說
황소도추론 黃素道樞論
삼선생고시　三先生高詩
맹자노소적론 孟子老少的論
수사심경 洙泗心經

方外達士 蘇東坡

2021년 2월 20일 초판 1쇄 발행

著　者 : 盧萏虛
校　訂 : 裵泰洙
發行人 : 김병환
發行處 : 학자원
주　소 : 서울 강동구 천호대로 1121
전　화 : 02) 6403-1000
팩　스 : 02) 6338-1001
E-mail : hakjaone@daum.net
등　록 : 2011년 3월 24일 제2011-14호

ISBN 979-11-6247-212-5 93820
값 22,000원